나에게 거듭났냐고 묻는다면?

나에게 거듭났냐고 묻는다면?

초판 1쇄 인쇄 / 2021년 4월 10일
초판 2쇄 발행 / 2025년 1월 20일

지은이 / 손재익
펴낸이 / 신은철
펴낸곳 / 좋은씨앗
출판등록 / 제4-385호(1999. 12. 21)
주소 / 서울시 서초구 바우뫼로 156(MJ 빌딩), 402호
주문전화 / (02)2057-3041 주문팩스 / (02)2057-3042
www.facebook.com/goodseedbook

ISBN 978-89-5874-410-8 04230

ⓒ 손재익 2021

이 책의 저작권은 저자와 독점계약한 도서출판 좋은씨앗에 있습니다.
신저작권법에 의하여 보호를 받는 저작물이므로 무단 전재와 복제를 금합니다.

나에게 거듭났냐고 묻는다면?

손재익

좋은씨앗

추천의 글

우리 시대 교회와 성도들의 모습을 보면서 우려스러운 점이 몇 가지 있습니다. 하나는 거듭남(중생), 회심의 개념과 의미를 설명해보라고 요청했을 때, 명확하게 설명할 수 있는 사람들이 별로 없다는 것이고, 또 하나는 거듭남을 경험하지 못한 사람들이 교회의 회원이 되고 있다는 점입니다.

설교자의 실수가 여기서 발생합니다. 예배당에 나와 앉아 있는 사람들을 신자로 간주한 상태에서 성화를 촉구하고, 신자의 책임을 요청하는 것이지요. 자연스럽게 교회는 생명력을 잃어가고 율법주의가 판을 치게 됩니다. 우리 시대의 교회와 설교자들이 각성해야 할 지점이 바로 여기입니다.

이미 구원에 관한 몇 권의 책으로 우리에게 잘 알려진 손재익 목사님께서 이 책을 통해 교회 안의 영적인 현실을 제대로 진단함과 동시에 설교자들이 외쳐야 할 거듭남의 복음을 탄탄한 신학 지식과 정확한 성경 해석에 근거하여 제시하셨습니다. 이 책을 읽는 신자들은 자신의 영혼의 상태를 점검하는 계기가 될 것이고, 설교자들은 무엇을 외치고 가르쳐야 하는지에 대해 큰 도전을 경험하게 되리라 확신합니다.

김관성 전)행신침례교회 담임목사, 『본질이 이긴다』 저자

이 책은 '거듭남'의 본래의 의미와 가치를 잃어버려서 복음의 본질을 놓치고 구원받은 신자의 삶의 아름다움과 역동성을 누리지 못하는 우리의 현실을 지적하며, 성경과 여러 신앙고백서에서 말하는 '거듭남'의 본질과 영광과 능력을 정확하고 차분하게 알려줍니다. 특히, 성령님이 주권적으로 시작하시고 이끄시며 중생의 증거들을 신자의 삶 가운데 드러나게 하시는 일련의 과정들에 대한 설명은 정말로 감격스럽습니다.

「단단한 기독교 시리즈」에 속한 다른 책들처럼, 이 책은 우리의 신앙과 삶을 진리로 단단하게 그리고 풍성하게 해줄 것입니다. 제 자신과 교회를 위하여 성도들과 함께 읽고, 저자의 권면대로 앞으로 이를 바탕으로 설교하려 합니다. 모든 설교자들과, 교회와 신자 개개인의 영적 성숙을 간구하는 모든 분들, 그리고 삶 가운데 복음의 능력과 감격을 누리길 소원하는 모든 분들에게 이 책을 꼭 추천합니다.

이수환 강변교회 담임목사

차례

추천의 글 • 4

여는 글: 중생과 회심을 잃어버리다 • 9

✳

1. 왜 거듭나야 합니까? : 중생의 필요성 • 14

2. 거듭남이란 무엇입니까? : 중생의 본질 • 25

3. 거듭남은 어떻게 일어납니까? : 중생의 역사 • 33

4. 거듭나려면 어떻게 해야 합니까? : 중생의 수단 • 48

5. 거듭나면 어떻게 됩니까? : 중생의 결과 • 65

6. 거듭났는지 어떻게 알 수 있습니까? : 중생의 증거 • 79

7. 거듭남에 대한 잘못된 생각들 : 중생에 대한 오해 • 93

✳

닫는 글 • 111

거듭남 관련 추천도서 • 115

미주 • 116

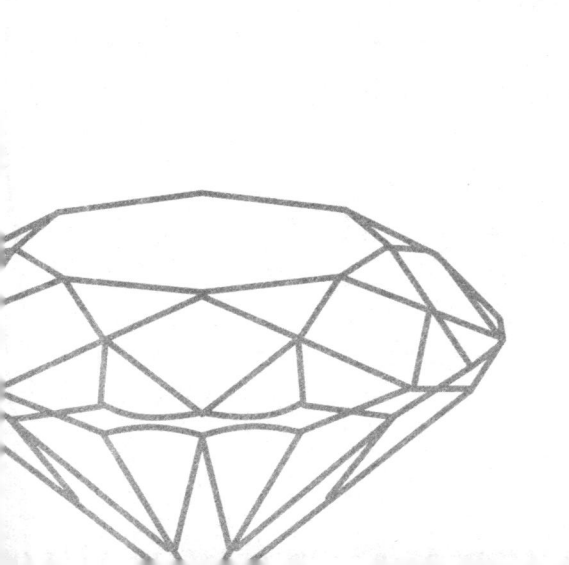

여는 글
중생과 회심을 잃어버리다

마틴 로이드 존스는 어린 시절, 랭게이토 교회에 다녔습니다. 그 교회는 웨일즈의 부흥을 이끈 다니엘 로우랜드(1713-1790)가 목회했던 교회로서 1730년대에 엄청난 부흥을 경험했습니다. 하지만 약 150년이 지난 로이드 존스의 어린 시절에는 옛 시절만큼 뜨겁지 않았고 냉랭한 분위기였습니다. 다음은 로이드 존스의 증언입니다.

> 목사님은 도덕적이고 율법주의적인 분이셨습니다. 옛 교장선생님 같은 분이셨습니다. 그분이 복음을 설교한 경우는 기억이 없습니다. 우리 중 누구도 복음에 대한 개념을 갖고 있지 않았습

니다. 그래서 여러 해 동안 모든 교단을 통틀어서 웨일즈에서 가장 잘 한다고 알려진 설교자들의 설교를 들었지만, 그들 중에 한 사람의 설교도 제 양심을 건드리지 못했습니다. 인기 있는 설교자들 대부분은 회개케 하려는 것을 목적으로 하지 않았습니다. 그저 숙련되고 수사적인 방식으로 주제를 논의하고 '즐거운 시간'을 보내면 그것만으로 만족할 뿐이었습니다.[1]

20대 초반까지도 로이드 존스는 자기가 그리스도인이 아니라고 생각했습니다.

아주 여러 해 동안 사실 저는 그리스도인이 아니면서 그리스도인이라고 생각했었습니다. 내가 그리스도인이 전혀 아니었다는 것을 알게 되고, 그러고 나서 그리스도인이 된 것은 세월이 한참 흐른 뒤였습니다. 그러나 그런 때에도 나는 교회의 멤버였습니다. 우리 교회에 꼬박꼬박 출석하였고, 규칙적으로 예배를 드렸습니다.

로이드 존스가 런던에서 의사로 생활하던 시절에 다니던 채링 크로스 교회의 목사 피터 휴즈 그리피스도 자신의 설교를 듣는 사람들을 그리스도인이라 전제하고 설교하는 성향을 갖고 있었습니다. 그래서 그의 설교는 이성이나 양심에 거의 호소력이 없었습니다. 성경과 신학을 설교하기보다 간증과 예화를 많이 들려주었습니다. 그는 설교를 통해 좋은 느낌을 전달하려 했고 그저 감정만을 자극했습니다. 로이드 존스는 그의 설교를 다음과 같이 회상합니다.

> 제가 필요했던 것은 죄를 깨닫게 하고 나의 진정한 필요가 무엇인지를 알게 하는 설교였습니다. 회개하게 하고 거듭남이 무엇인지를 알게 하는 설교였습니다. 그러나 저는 그런 설교를 듣지 못했습니다. 우리가 들었던 설교는 우리 모두 그리스도인이라는 가정 하에서 작성된 설교였습니다. 우리가 그리스도인이 아니면 거기 회중석에 앉아 있을 리 없다는 전제에서 행해지는 설교 말입니다.[2]

로이드 존스의 이야기는 100여 년 전 잉글랜드 및 웨일즈의 이야기에 그치지 않고, 마치 오늘날 우리의 이야기로 들립니다. 로이드 존스가 살던 시대처럼 오늘날 교회의 강단에서도 거듭남의 복음이 선포되지 않고 있습니다. 원죄와 자범죄, 죄의 비참함, 효력 있는 부르심, 중생, 회심, 칭의, 성화같은 말이 교회 안에서 거의 들리지 않습니다. 이런 교리적 용어들은

다른 부드러운 표현들로 바뀌었습니다.³

많은 설교자와 교인들은 교회 내의 모든 사람이 이미 거듭났다고 착각합니다. 그래서 헌신과 봉사에 대해 설교하며 윤리와 실천만을 고민합니다. 설교에서 중생과 회심의 복음이 사라졌습니다. 그리고 교회당에 새롭게 온 사람에게 너무나도 쉽게 거듭남의 위로를 건넵니다. 복음을 한두 번 전한 뒤에 "예수님을 믿기로 작정하십니까?"라고 묻습니다. 듣는 사람이 "네"라고 대답하면, "예수님을 영접하신 것을 축하드립니다"라고 말하며 마치 공식처럼 장래의 소망을 기계적으로 전달합니다.

그러나 교회 안에는 거듭나지 않은 사람들, 세례를 받았음에도 회심하지 않은 사람들이 많습니다.⁴ 마음의 평안을 위해 또는 설교를 통해 얻는 삶의 지혜가 좋아서 교회당에 가는 사람들이 있습니다. 찬양대가 들려주는 감미로운 음악을 감상하고자, 교회 행사와 활동이 즐거워서, 사람 만나는 게 좋아서, 좋아하는 사람이 있어서, 교회에서 제공해 주는 여러 가지 종교 서비스가 만족스러워서 가는 사람들도 있습니다. 때로는 부모나 배우자의 손에 이끌려 어쩔 수 없이 나오거나, 오래 전부터 다녔기에 습관적으로 나가거나 혹은 자신이 속한 공동체 구성원의 대부분이 그리스도인이라서 그냥 교회에 가기도

합니다. 그래서 교회에 다니지 않는 사람들뿐 아니라 교회당에 있는 아직 거듭나지 않은 사람들에게도 중생과 회심의 복음을 전해야 합니다. 거듭남 없이 종교 활동에 심취한 사람들로 가득하게 되면 교회다움과 생명력을 잃게 됩니다. 즉 예배가 오락거리로, 성도의 교제가 사교 모임이 되면, 교회는 종교 단체나 동호회로 전락하게 될 것입니다.

이 책은 거듭남(중생)과 돌이킴(회심)의 교리를 다룹니다. 당신이 아직 거듭나지 않았다면 중생과 회심을 위해 하나님의 은혜를 구하십시오. 당신이 설교자라면 강단에서 거듭남과 회심의 복음을 선포하십시오.

1. 왜 거듭나야 합니까?

중생의 필요성

생명이신 하나님

하나님은 생명이십니다. 영원부터 존재하셨으니, 존재하지 않으신 적이 없으며, 존재하지 않으실 수 없습니다. 생명 그 자체이신 하나님은 죽으실 수 없고, 그 존재를 사라지게 하실 수 없습니다. 존재할 수 밖에 없는 필연에 매여 계신 분으로 생명 그 자체이십니다. 참 생명이신 하나님은 영원 전부터 영원까지 존재하시는 유일한 분이십니다.

생명을 가졌던 사람

생명이신 하나님이 사람을 창조하셨습니다. 땅의 흙으로 사람을 지으신 뒤 생기를 그 코에 불어넣으셨습니다. 생명을 주셨고(행 17:25), 사람은 생령이 되었습니다(창 2:7). 개역개정 성경은 '생령'이라는 단어 앞에 난외주를 달아 히브리어로 '생물'이라 표시해 두었습니다. 히브리어로 '네페쉬 하야', 직역하면 '살아 있는 존재'(a living being) 혹은 '생명체'라는 뜻입니다. '생령'이라는 단어는 한자어로 생령(生靈), 즉 살아 있는 영혼(a living soul)이라는 뜻입니다. 사람이 드디어 완성되었습니다.

생명은 사람이 호흡할 수 있게 되었다는 사실을 넘어서 하나님의 뜻을 분별하며 그분이 원하시는 바를 행할 수 있게 해 주었습니다. 즉 사람은 하나님과 교제할 수 있게 되었습니다. 하나님은 창조를 통해 그들의 마음에 하나님의 법을 새겨 주셨고, 그것을 행할 수 있는 힘도 주셨습니다(웨스트민스터 신앙고백서 4장 2절; 웨스트민스터 대요리문답 17문답).

이처럼 살아 있는 존재인 사람은 하나님이 주신 생명을 갖고 있었고(민 16:22; 27:16), 영원히 죽지 않는 자였습니다. 죽을 수 없는 상태(posse non mori)였습니다.[1]

생명을 잃어버린 사람

사람은 고귀한 상태로 지음 받았으나 그 높은 위치에서 떨어지고 말았습니다. 이것을 '타락'이라 합니다. 하나님이 "선악을 알게 하는 나무의 열매는 먹지 말라 네가 먹는 날에는 반드시 죽으리라"(창 2:17)고 경고하셨음에도 사람은 그 말씀을 어겼습니다.

그 결과 하나님은 그 경고대로 벌하셨습니다. 사람에게 여러 가지 고통을 더하셨고(창 3:16-19), 에덴에 있는 동산에서 쫓겨나게 하셨습니다(창 3:24). 하나님과 사람의 교제가 단절되었습니다. 생명의 근원이신 하나님으로부터 분리되었습니다. 영적으로 죽은 상태, 즉 하나님께 대하여 죽은 존재가 되었습니다(웨스트민스터 신앙고백서 6장 2절). 사람은 죽을 수 없는 존재(posse non mori)에서 죽을 수밖에 없는 존재(non posse non mori)가 되었습니다. 죽음과 영원한 지옥의 형벌을 받게 되었습니다(롬 6:23; 히 9:27; 웨스트민스터 소요리문답 19문답).[2] 하나님이 주신 생명을 잃어버리게 되었습니다.

생명 없는 모든 인류

첫 사람 아담과 여자의 죄는 그들 자신만의 죄가 아니라 인류 전체의 죄가 되었습니다. 아담이 인류 전체를 대표했기 때문입니다(웨스트민스터 소요리문답 16문답).[3] 그 결과 아담의 죄와 죄책이 우리에게 전가(轉嫁)되었습니다.

> 한 사람으로 말미암아 죄가 세상에 들어오고 죄로 말미암아 사망이 들어왔나니 이와 같이 모든 사람이 죄를 지었으므로 사망이 모든 사람에게 이르렀느니라(롬 5:12).

이렇게 태초의 사람인 아담이 지은 죄를 원죄(original sin)라고 합니다. 원죄는 인류 전체에 퍼져 있으며, 아담 이후의 모든 사람들은 어느 누구도 예외 없이 죄책과 부패성을 갖고 태어납니다(벨기에 신앙고백서 15조; 도르트 신조 셋째 넷째 교리 2항; 웨스트민스터 신앙고백서 6장 3절).

생명을 잃어버린 자연인의 현재 상태

원죄를 갖고 태어난 모든 사람은 생명 없는 자입니다. 이런 상태에 있는 사람을 자연인(natural man)이라 합니다. 이 세상의 모든 믿지 않는 사람은 자연인입니다. 영적으로 죽은 사람에 대해 성경은 이렇게 말합니다.

> 허물과 죄로 죽었던 너희(엡 2:1).

> …이 세상 풍조를 따르고 공중의 권세 잡은 자를 따랐으니 곧 지금 불순종의 아들들 가운데서 역사하는 영이라 전에는 우리도 다 그 가운데서 우리 육체의 욕심을 따라 지내며 육체와 마음의 원하는 것을 하여 다른 이들과 같이 본질상 진노의 자녀이었더니(엡 2:2-3).

> 허물로 죽은 우리(엡 2:5).

> …이제부터 너희는 이방인이 그 마음의 허망한 것으로 행함 같이 행하지 말라 그들의 총명이 어두워지고 그들 가운데 있는 무지함과 그들의 마음이 굳어짐으로 말미암아 하나님의 생명

에서 떠나 있도다(엡 4:17-18).

우리도 전에는 어리석은 자요 순종하지 아니한 자요 속은 자요 여러 가지 정욕과 행락에 종 노릇 한 자요 악독과 투기를 일삼은 자요 가증스러운 자요 피차 미워한 자였으나(딛 3:3).

자연인은 생명이 없으며, 죄와 허물로 죽은 존재입니다(엡 2:1). 죽었기에 하나님의 생명에서 떠나 있습니다(엡 4:18). 본질상 진노의 자녀요(엡 2:3), 타락하고 부패한 본성을 갖고 태어나는 자들입니다(시 51:5). 마음이 굳어 있으며(겔 36:26; 엡 4:18), 하나님과 원수 된 자들입니다(롬 5:10). 하나님을 향한 지식, 감정, 의지가 다 죽어 있습니다. 지성은 어두워져 무지해졌고(롬 3:11; 고전 2:14; 엡 4:18), 감정은 무질서하고(사 57:21; 딛 3:3; 벧전 2:11), 의지는 죄악된 선택과 행동에 기울어 있습니다(요 6:44; 벧후 2:19).

자연인은 타락한 본성을 소유했습니다. 그 마음(mind)과 심령(heart)이 변질됐습니다. 하나님과 분리된 첫 사람의 본성이 계속해서 지금도 영향을 미치고 있습니다.

자연인은 전적으로 죄의 성향에 지배 당하고 있습니다. 그의 성향에서 나오는 모든 의지와 행동은 죄뿐입니다. 자신의 죄를 깨달을 수 없게 되었습니다. 마음이 부패해서 허탄한 것을 따르고, 본성적으로 하나님과 영적인 것에 대해 어둡고 캄캄한 상태에 있습니다(마 4:16; 요 3:19; 엡 5:8). 죄의 노예이며(요 8:34; 롬 6:6, 16-17, 20; 딤후 2:26), 하나님의 원수로서(롬 8:7; 골 1:21), 하나님을 알지 못하고(요 9:19; 15:21), 찾지 않으며(롬 3:10), 두려워하지 않고(롬 3:18), 거역합니다(시 107:11). 하나님의 진노를 인식하지 못하고, 천국과 지옥의 실재를 믿지 못합니다. 하나님께 나아갈 수 있는 능력이나 하나님을 기쁘시게 할 행동이 없습니다. 하나님의 법에 굴복할 수 없고(롬 8:7), 스스로 어떤 선한 것도 생각하거나 행할 수 없습니다(요 15:5; 고후 3:5).[4] 겉으로 보기에 분명 살아 있는 것처럼 보이나 실상은 죽은 상태입니다(도르트 신조 셋째 넷째 교리 1항).[5]

자연인은 삶의 목적도 왜곡되어 있습니다. 사람의 제일 되는 목적은 하나님께 영광을 돌리고 그분을 영원토록 즐거워하는 것입니다(웨스트민스터 대소요리문답 1문답). 하지만 자연인은 자신의 자아가 목적입니다. 하나님 대신 자기를 사랑합니다. 하나님으로부터 독립하고 자신만을 의존합니다.

고린도전서 2:14에서는 "육에 속한 사람은 하나님의 성령의 일들을 받지 아니하나니 이는 그것들이 그에게는 어리석게 보임이요 또 그는 그것들을 알 수도 없나니 그러한 일은 영적으로 분별되기 때문이라"라고 말씀합니다. KJV와 NASB는 '육에 속한 사람'을 '자연인'(the natural man), 현대인의 성경은 '거듭나지 못한 자연인', NIV는 '성령이 없는 사람'(The man without the Spirit)이라고 번역했습니다. 이처럼 육에 속한 사람은 거듭나지 않은 자연인이며, '육신의 생각'을 갖고 있습니다. "육신의 생각은 하나님과 원수가 되나니 이는 하나님의 법에 굴복하지 아니할 뿐 아니라 할 수도 없음이라"(롬 8:7)는 말씀에 따르면, 거듭나지 않은 자연인의 생각은 하나님과 원수가 되고 하나님의 법에 굴복하지 않을 뿐 아니라 할 수도 없습니다. 회개하고 믿으라는 하나님의 복음과 명령에 반응할 수 없습니다. 웨스트민스터 신앙고백서 9장 3절은 자연인의 영적 상태를 다음과 같이 설명합니다.[6]

> 사람은 죄의 상태로 타락함으로써 구원에 이르는 영적인 선을 행하고자 하는 모든 의지의 능력을 완전히 잃어버렸다(롬 5:6; 8:7; 요 15:5). 그러므로 자연인은 선을 전적으로 싫어하고(롬 3:10, 12), 죄로 인해 죽은 자가 되었으며(엡 2:1,5; 골 2:13), 자신의 힘으로는 스스로를 바꾸거나 그것을 위해 준비할 수 없다(요 6:44, 65; 엡 2:2-5; 고전 2:14; 딛 3:3-5).

원래 창조 상태처럼 되려면

그렇다면 사람은 어떻게 해야 원래 상태처럼 영원히 죽지 않고, 완전한 의와 거룩한 상태가 될 수 있을까요? 예수님은 "사람이 거듭나지 아니하면 하나님의 나라를 볼 수 없"다고 말씀하셨습니다(요 3:3). 거듭난다는 표현은 다시 태어난다는 말입니다. 성경에서 '본다'는 표현은 향유한다는 의미로 사용됩니다(참조. 요 3:36). 다시 태어나야만 하나님 나라를 향유할 수 있습니다. 그래야만 죽은 사람이 다시 생명을 가질 수 있습니다. 죄에서 벗어날 수 있고, 하나님을 믿을 수 있고, 의롭다함을 얻을 수 있고, 거룩하게 될 수 있습니다. 타락한 아담으로부터 물려받은 부패한 본성과는 전혀 다른 새로운 본성을 구비할 수 있습니다. 다시 태어나는 것 외에 다른 방법이 없습니다. 이에 대해 하이델베르크 요리문답 8문답은 다음과 같이 가르칩니다(참조. 도르트 신조 셋째 넷째 교리 3항).

8문: 그렇다면 우리는 그토록 부패하여, 선은 조금도 행할 수 없으며 온갖 악만 행하는 성향을 지니고 있습니까?
답: 그렇습니다(창 6:5; 8:21; 욥 14:4; 사 53:6; 딛 3:3). 우리가 하나님의 성령으로 거듭나지 않는 한 참으로 그렇습니다(요

3:3, 5; 고전 12:3; 고후 3:5).

이렇게 거듭난다는 것을 영어로는 Regeneration 또는 Born Again이라 합니다. 문자 그대로 하면 "다시 태어남"입니다. 한자어로는 중생(重生)입니다.[7] 여기서의 중(重)은 "두 번, 또 다시, 거듭하다"라는 의미입니다. 성경 본문에는 거듭남이라는 표현 대신 "성령으로 난"(요 3:5, 8), "하나님께로부터 난"(요일 3:9; 5:1, 4, 18), "새 피조물"(고후 5:17), "새 사람"(엡 4:24)이라는 표현을 사용하기도 합니다.[8]

거듭남의 필요성

사람이 거듭나기 전에는 죽은 자입니다. 거듭나야 참 생명을 소유할 수 있습니다. 영적으로 죽은 사람은 영적으로 다시 살아나야 합니다. 그래야 죄에서 떠나 의에 이를 수 있습니다. 이 세상의 모든 사람은 거듭남이 필요합니다. 자연인은 육적으로 살았더라도 영적으로는 죽은 사람이기 때문입니다.

혹자는 사람이 그 본성상 선하다고 말합니다. 그런 사람의 주장에 따르면 거듭남은 굳이 필요하지 않습니다. 하지만 사람은 본성상 선하지 않습니다. 사람은 죄 중에 잉태되어 죄악 중에서 출생합니다(시 51:5). 사람은 죄와 허물로 죽었습니다(엡 2:1). 죄인이요 죄인 중에 괴수입니다(딤전 1:15).

자연인 상태에 있는 모든 사람은 하나님의 창조 목적에 완전히 벗어나 있습니다. 그런 사람에게 새로운 생명과 새로운 본성이 필요합니다. 사람이 행복해지려면 반드시 하나님께로 돌이키고 하나님을 향해 살아야 하며 하나님의 자녀가 되어야 합니다. 이를 위해서는 거듭나야 합니다.

거듭남은 중요합니다. 거듭남은 구원을 위한 모든 은혜의 시작입니다. 거듭나야 믿을 수 있고, 회개할 수 있고, 의롭다 함을 얻을 수 있고, 거룩해질 수 있고, 영원한 천국에 이를 수 있습니다. 거듭나지 않으면 아무것도 할 수 없습니다.

거듭남은 근본적인 변화입니다. 이 변화로 다른 모든 은혜가 나타납니다. 거듭나야 새 생명의 원리가 심겨집니다. 거듭나면 그야말로 재창조와 같은 상태가 됩니다. 거듭나면 하나님과 끊어졌던 교제를 다시 회복할 수 있고, 사람이 원래 가졌던 행복을 누릴 수 있습니다.

하나님이 주신 생명을 잃은 사람은 아무런 소망이 없습니다. 하나님이 주신 생명을 다시 찾을 때 비로소 참된 행복을 누릴 수 있습니다.

2. 거듭남이란 무엇입니까?

중생의 본질

그렇다면 사람은 어떻게 거듭날 수 있습니까? 니고데모라는 유대인 지도자가 예수님을 찾아와 이렇게 말했습니다. "당신은 하나님께로부터 오신 선생인 줄 아나이다. 하나님이 함께 하시지 아니하시면 당신이 행하시는 이 표적을 아무도 할 수 없음이니이다"(요 3:2). 이 말을 들으신 예수님은 "사람이 거듭나지 아니하면 하나님의 나라를 볼 수 없느니라"라고 답하셨습니다(요 3:3). 거듭난다는 말을 니고데모는 이해하지 못했습니다. 그래서 그가 다시 묻습니다. "사람이 늙으면 어떻게 날 수 있사옵나이까? 두 번째 모태에 들어갔다가 날 수 있사옵나이까?" 예수님께서 답하십니다. "사람이 물과 성령으로 나지 아니하면 하나님의 나라에 들어갈 수 없느니라.…내가 네게 거듭나야 하겠다 하는 말을 놀랍게 여기지 말라. 바람이 임의로 불매 네가 그 소리는 들어도 어디서 와서 어디로 가는지 알지 못하나니 성령으로 난 사람도 다 그러하니라"(요 3:5, 7-8).

"거듭나다"는 헬라어로 '겐네세 아노센'인데, 두 가지 의미로 번역될 수 있습니다. 하나는 '다시 태어나다'입니다. 또 하나는 '위로부터 태어나다'입니다.[1] 그래서 개역개정은 '거듭나지'라는 단어 앞에 '또는 위에서'라고 난외주를 달았습니다. 예수님은 '아노센'이라는 말에 이 두 가지 의미를 담아서 말씀하신 것으로 보입니다.

거듭남은 위로부터 태어나는 것입니다. 하나님으로부터 (요 1:13; 요일 2:20; 3:9), 성령으로 나는 것입니다(요 3:6, 8). 영적으로 죽은 영혼이 다시 살아나는 것입니다. 죄로 말미암아 영적으로 죽은 사람이 성령의 역사로 다시 살아나는 것입니다.

거듭남은 성령 하나님의 역사다

예수님은 "사람이 거듭나지 아니하면"(3:3), "사람이 물과 성령으로 나지 아니하면"(3:5), "성령으로 난 사람도 다 그러하니라"(3:8)라고 말씀했습니다. 거듭남은 분명 사람이 도무지 할 수 없는, 오직 성령님의 역사하심으로만 가능한 일입니다.

거듭남은 새롭게 되는 것이다

오직 너희의 심령이 새롭게 되어 하나님을 따라 의와 진리의 거룩함으로 지으심을 받은 새 사람을 입으라(엡 4:23-24).

너희가 서로 거짓말을 하지 말라 옛 사람과 그 행위를 벗어 버리고 새 사람을 입었으니 이는 자기를 창조하신 이의 형상을 따라 지식에까지 새롭게 하심을 입은 자니라(골 3:9-10).

그런즉 누구든지 그리스도 안에 있으면 새로운 피조물이라 이전 것은 지나갔으니 보라 새 것이 되었도다(고후 5:17).

거듭남은 죄인이 새 사람으로 변화되는 것이며, 곧 새로 태어남입니다. 바울은 "그리스도 예수 안에서 내가 복음으로써 너희를 낳았음이라"(고전 4:15)고 하고, "갇힌 중에서 낳은 아들

오네시모"(몬 1:10)라고 했으며, 디모데와 디도를 '아들'이라고 부르고(고전 4:17; 딤전 1:2; 딛 1:4), 베드로 역시 마가를 '아들'이라고 부릅니다(벧전 5:13).[2]

이처럼 성경은 거듭남을 '새롭게 되는 것'으로 묘사합니다. 거듭남이란 새로운 본성, 마음, 의지, 정서, 기질, 동기, 목표, 소망을 갖게 되는 것입니다.[3]

그렇다고 해서 거듭남을 통해 이전에 없던 영혼이 새로운 영혼으로 교체되는 것은 아닙니다. 그는 여전히 그 자신이며, 여기에서 말하는 '새로운'은 이전에 우리에게 없던 새로운 것이 더해진 것이 아닙니다. 이전까지는 타락의 영향으로 죄의 지배 하에서 죄성이 다스리는 대로 하던 것이 거듭남을 통해 달라지니, '새로운'이라고 부르는 것입니다.[4]

거듭남은 내적인 변화다

거듭남은 성령의 강력한 역사로 말미암아 우리 속에 하나님의 생명이 심겨져서 우리 영혼 속에 일어나는 내적인 변화를 말합니다. 성령은 죽은 영혼에 새로운 본성을 심어 주심으로 영혼 속에 내면의 변화를 일으키십니다. 죽었던 영혼이 다시

산 결과, 거듭난 자의 마음은 근본적으로 새로워집니다. 새 사람이 되고 새 마음을 갖게 됩니다(엡 4:23-24). 원리(principle), 목적(end), 생각(thoughts)이 변합니다. 그 변화를 통해 생명력이 넘치는 원리, 새로운 습관, 하나님의 법, 신적인 성품이 마음속에 심어지고 뼈대를 형성해서, 그 마음이 하나님을 향하여 즐거워하면서 거룩하게 행할 수 있게 하며 영원한 영광을 향하여 자라가게 만듭니다.[5]

> 네 하나님 여호와께서 네 마음과 네 자손의 마음에 할례를 베푸사 너로 마음을 다하며 뜻을 다하여 네 하나님 여호와를 사랑하게 하사 너로 생명을 얻게 하실 것이며(신 30:6).

구약성경은 이를 '마음의 할례'라고 표현합니다. 거듭남은 마음의 할례, 즉 단순히 육체의 살을 베는 것이 아닌 마음에서 생겨난 내적인 변화입니다(롬 2:29).[6]

거듭남은 새로운 본성의 주입이다

타락한 자연인은 죄와 허물로 죽었으므로 생명이 없습니다.

생명이 없음으로 아무것도 할 수 없습니다. 그런데 거듭남으로 말미암아 새로운 본성이 심겨집니다. 그렇다고 태어날 때부터 있었던 타락한 본성이 없어지는 것은 아닙니다. 옛 본성은 그대로 남아 새 본성과 서로 싸웁니다(갈 5:17).

사람 자체가 다른 사람으로 변화되는 것이 아니라 사람의 마음이 변화되어 성령의 인도와 교훈에 순복하게 됩니다. 사람이 갖고 있는 기존의 마음을 빼버리고 다른 마음을 다시 집어넣는 것이 아닙니다. 기존의 마음을 새롭게 하여, 삶의 태도와 중심을 바꾸는 것입니다.[7]

거듭남은 전인격적인 변화다

사람의 일부만 아니라 전체, 즉 지성(고전 2:14-15; 고후 4:6; 엡 1:18; 골 3:10), 감정(시 42:1-2; 마 5:4; 벧전 1:8), 의지(시 110:3; 빌 2:13; 살후 3:5; 히 13:21)가 변합니다. 사람의 기질에까지 영향을 미칩니다. 거듭남은 영혼의 모든 기능 속에서 광범위하게 일어나며, 전 인격에 영향을 미치는 근본적인 변화입니다.[8]

거듭남은 순간적이다

죽은 자가 살아나는 일은 순간적으로 일어납니다. 생명과 사망 사이에는 중간 단계가 없습니다. 거듭남은 성화같은 점진적인 과정이 아닙니다. 중생을 인식하는 것은 점진적으로 이뤄질 수 있지만, 중생 그 자체는 순간적으로 일어납니다.[9]

거듭남은 사람이 인식할 수 없다

거듭남은 사람이 인식할 수 없는 하나님의 은밀하고 불가사의한 사역입니다. 중생과 회심이 동시에 발생하는 경우가 아니라면, 사람이 이를 즉시 인식할 수 없는 상태에서 일어납니다. 사람은 단지 그 결과로 알 뿐입니다.[10]

거듭남은 거스를 수 없다

거듭남은 성령 하나님의 절대주권에 따른 것입니다. 사람의 의지에 따라 일어나는 것이 아니므로, 그 누구도 거스를 수 없습니다. 사람이 하기 싫다고 해서 거듭나지 않는 것이 아닙니다. 거듭남은 불가항력적 은혜(Irresistible Grace)입니다. 그 누구도 저항할 수 없는 하나님의 역사입니다. 거듭나게 하시는 하나님의 사역은 결코 실패하지 않습니다(참조. 시 115:3). 아무리 악한 죄인이라도 하나님이 거듭나기 원하시면 반드시 이루십니다. 예수님과 함께 십자가에 달렸던 한편 강도가 그랬고, 예수님을 핍박했던 바울이 그랬습니다.

또한 한번 일어난 거듭남을 다시 되돌릴 수 없습니다. 거듭남은 결코 소멸되거나 상실되지 않습니다. 거듭난 사람은 다시 이전 상태로 돌아가지 않습니다. 거듭난 사람은 반드시 믿음과 회개, 칭의, 성화, 영화의 과정을 거치게 됩니다.

3. 거듭남은 어떻게 일어납니까?

중생의 역사

다시 태어난다고?

다시 태어난다는 것은 무엇입니까? 거듭남을 니고데모처럼 사람이 다시 태어나야 한다는 것으로 생각해서는 안 됩니다. 거듭난다는 것은 실제로 죽고 다시 태어나는 것이 아니라, 성령 하나님을 통한 영적인 거듭남을 의미합니다.

어떻게 해야 거듭날 수 있을까요? 사람은 할 수 없습니다. 오직 하나님의 은혜로만 가능합니다. 성령 하나님이 역사하셔서, 친히 사망에서 생명으로 옮겨주셔야만 합니다.[1] 그렇다면 성령 하나님은 어떻게 역사하실까요?

생명을 주시는 성령님

하나님은 생명이십니다. 성령님도 하나님이십니다. 그러므로 성령님은 생명이시며 생명을 주시는 분이십니다. 그래서 니케아-콘스탄티노플 신경(381)은 성령님을 '생명을 주시는 분'으로 고백합니다(참조. 요 6:63; 고후 3:6).[2] 성령님은 우리 안에 들어오셔서 생명을 주십니다. 이를 통해 거듭나게 하십니다.

성령의 내주하심을 통한 거듭남

성령님(롬 8:2; 갈 6:8)은 하나님의 택한 백성 개개인에게 임하십니다.[3] 이를 '내주하신다'고 표현합니다(겔 36:27; 37:14; 요 7:39; 행 2:38; 롬 8:11; 고전 3:16, 19; 고후 1:22; 갈 4:6; 엡 2:22; 딤후 1:14; 요일 4:13). 내주하시는 성령님은 절대로 떠나지 않으시고 영원히 성도 안에 거하십니다(요 14:16-17; 요일 3:24; 하이델베르크 요리문답 53문답).[4] 내주하시는 성령님은 우리 안에 은혜를 주입하셔서,[5] 본성의 부패함을 깨닫게 하시고 신적인 생명의 빛을 우리 마음 가운데 비추사 새로운 본성의 원리를 심어 주십니다(겔 36:26-27; 살후 2:13; 딛 3:5; 벧후 1:4).

깨닫게 하시는 은혜

내주하시는 성령님은 은혜를 주입하셔서 우리의 죄와 비참함을 깨닫게 해주십니다. 깨닫는 것을 각성(conviction)이라고 합니다. 요한복음 16:8은 "그가 와서 죄에 대하여, 의에 대하여, 심판에 대하여 세상을 책망하시리라"고 말씀했는데, 성령님은 자연인의 영혼 깊은 곳에서 그들이 죄인이라는 사실과 죄의 지배 아래 있음, 그 죄로 말미암아 비참한 존재라는 사실을 깨닫게 해주십니다(행 2:37).

자연인은 하나님의 진노를 받아야 할 죄인임에도 불구하고 스스로 그 사실을 전혀 깨닫지 못합니다. 반면 거듭난 사람은 죄를 깨닫게 됩니다. 성령님 덕분입니다. 자신이 지은 죄만 아니라 첫 조상 아담으로부터 물려받은 원죄까지 깨닫고 그 죄로 인해 슬퍼하게 됩니다. 특히 원죄는 우리의 모든 죄의 근원이며 모든 종류의 죄를 생산하기에 이를 더욱 두려워하게 됩니다. 거듭남의 은혜는 원죄와 자범죄로 인하여 받을 하나님의 진노에 대해 두려움을 느끼게 해줍니다.

<u>조명하시는 은혜</u>

내주하시는 성령님은 계시의 영이십니다. 계시의 영은 마음의 눈을 밝혀주시는데, 이것을 '조명하신다'고 말합니다. 마음의 눈이 밝아지면 우리의 지성이 회복됩니다. 아래의 구절들은 성령님의 조명하시는 은혜를 말씀하고 있습니다.

…우리 주 예수 그리스도의 하나님, 영광의 아버지께서 지혜와 계시의 영을 너희에게 주사 하나님을 알게 하시고 너희 마음의 눈을 밝히사 그의 부르심의 소망이 무엇이며 성도 안에서 그 기업의 영광의 풍성함이 무엇이며 그의 힘의 위력으로 역사하심을 따라 믿는 우리에게 베푸신 능력의 지극히 크심이 어떠한 것을 너희로 알게 하시기를 구하노라(엡 1:16-19).

그 눈을 뜨게 하여 어둠에서 빛으로, 사탄의 권세에서 하나님께로 돌아오게 하고 죄 사함과 나를 믿어 거룩하게 된 무리 가운데서 기업을 얻게 하리라 하더이다(행 26:18).

어두운 데에 빛이 비치라 말씀하셨던 그 하나님께서 예수 그리스도의 얼굴에 있는 하나님의 영광을 아는 빛을 우리 마음에 비추셨느니라(고후 4:6).

마음과 의지를 새롭게 하시는 은혜

조명의 은혜를 베푸시는 성령님은 마음과 의지를 새롭게 하십니다. 자연인의 마음은 돌처럼 굳어 있어서 생명력이 없습니다. 하나님 및 그분께 속한 거룩함에 전혀 반응하지 않습니다. 성령님은 그 굳은 마음을 제거하시고 부드럽게 하시며, 영혼과 우리 인격 전체를 감싸는 마음을 새롭게 하십니다.

> 내가 그들에게 한 마음을 주고 그 속에 새 영을 주며 그 몸에서 돌 같은 마음을 제거하고 살처럼 부드러운 마음을 주어(겔 11:19).

> 또 새 영을 너희 속에 두고 새 마음을 너희에게 주되 너희 육신에서 굳은 마음을 제거하고 부드러운 마음을 줄 것이며 또 내 영을 너희 속에 두어 너희로 내 율례를 행하게 하리니 너희가 내 규례를 지켜 행할지라(겔 36:26-27).

에스겔 36:26의 경우 개역개정은 '굳은'이라는 단어 앞에 '돌'이라는 난외주를 달았습니다. 새번역은 "너희에게 새로운 마음을 주고 너희 속에 새로운 영을 넣어 주며, 너희 몸에서 돌 같이 굳은 마음을 없애고 살갗처럼 부드러운 마음을 주며"라고 번역했습니다. 성령님의 역사하심에 관한 의미를 잘 살린 번역들입니다.

설득하시는 은혜

성령님은 사람의 마음을 열정적이고 감명 깊은 인상으로 사로잡지 않으십니다. 오히려 영혼에 대한 설득을 통해 우리의 본성에 대항하거나 배치하지 않으시고 자연스럽게 역사하십니다. 이를 통해 우리로 하여금 하나님의 부르심에 기꺼이 자유롭게 응답할 수 있게 하십니다.[6] 성령님은 당신의 주권을 따라 우리를 거듭나게 하시지만 그렇다고 우리의 멱살을 잡고 억지로 끌고 가시지 않습니다. 말씀으로 감화시키시며 우리를 설득해 나가십니다.

그리스도를 영접할 수 있게 해주시는 은혜

거듭나지 않은 자연인의 마음을 열어(행 16:14), 깨닫게 하시고(행 2:37), 밝히시고, 새롭게 하시고(겔 11:19; 36:26-27), 설득하시는 성령님은 결국 예수 그리스도를 영접할 수 있도록 영적인 생명을 주십니다(신 30:6; 엡 2:5). 이를 통해 한 사람의 자연인은 거듭나게 됩니다.

지금까지 설명 드린 내용은 웨스트민스터 문서에 잘 요약되어 있습니다.[7] (웨스트민스터 문서는 효력 있는 부르심과 거듭남을 하나의 개념으로 이해해서 '효력 있는 부르심'이라 표현했습니다. 그 이후 신학이 발전하면서 두 개념을 구분하게 됩니다. 그럼에도 두 개념을 하나로 생각해도 무방합니다.[8] '효력 있는 부르심'에 대해서는 4장에서 더 자세히 살펴보겠습니다.)

웨스트민스터 소요리문답

31문: 효력 있는 부르심이란 무엇입니까?

답: 효력 있는 부르심은 하나님의 영께서 하시는 사역으로서(딤후 1:9; 살후 2:13-14), 우리의 죄와 비참함을 깨닫게(convincing) 하시고(행 2:37), 우리의 마음을 밝혀(enlightening) 그리스도를 알게 하시고(행 26:18), 우리의 의지를 새롭게(renewing) 하셔서(겔 36:26-27), 우리를 설득하사(persuade) 능히 복음 가운데 값없이 주시는 예수 그리스도를 영접할 수 있게 하시는(enable us to embrace) 것입니다(요 6:44-45; 빌 2:13).

웨스트민스터 대요리문답

67문: 효력 있는 부르심이란 무엇입니까?

답: 효력 있는 부르심은 하나님의 전능하신 능력과 은혜의 사역으로서(요 5:25; 엡 1:18-20; 딤후 1:8-9), (택하신 사람을 향한 하나님의 자유롭고 특별한 사랑에서 나온 것이지 그들 안에 하나님의 마음을 움직일만한 것이 있어서가 아니며(딛 3:4-5; 엡 2:4-5, 7-9; 롬 9:11),) 자신의 적당한 때에 자신의 말씀과 성령으로(고후 5:20; 6:1-2; 요 6:44; 살후 2:13-14) 그들을 예수 그리스도께로 초청하시고 이끄시고, 그들의 마음을 구원 얻도록 밝혀주며(enlightening, 행 26:18; 고전 2:10, 12), 의지를 새롭게 하

고(renewing) 강하게 결심하게 하셔서(겔 11:19; 36:26-27; 요 6:45), 그들이 (본래 죄로 죽었지만) 자신의 부르심에 기꺼이 자유롭게 응답할 수 있게 되며, 그 부르심을 통해 제공하시고 전달하시는 은혜를 받아들이고 영접할 수 있도록(to accept and embrace) 하는 것입니다(엡 2:5; 빌 2:13; 신 30:6).

웨스트민스터 신앙고백서
제10장 효력 있는 부르심에 관하여
1. 하나님께서는 생명에 이르도록 예정하신 모든 사람만을 자기가 정하시고 용납하신 때에 이들이 본성적으로 처해 있는 죄와 사망의 상태로부터, 예수 그리스도로 말미암는(딤후 1:9; 롬 8:2; 엡 2:1-5) 은혜와 구원으로 자신의 말씀과 성령에 의해(살후 2:13; 고후 3:3, 6) 효력 있게 부르시기를 기뻐하신다(롬 8:30; 11:7; 엡 1:10, 11). 그들의 마음을 밝히시어(enlightening) 영적으로 그리고 구원에 관하여 하나님의 일들을 이해하게 하시며(고전 2:10, 12; 행 26:18; 엡 1:17, 18), 돌 같은 그들의 마음을 제거하시고 살 같은 마음을 주시며(겔 36:26), 그들의 의지를 새롭게 하시고 전능하신 능력으로 그들이 선을 향하도록 정하시며(빌 2:13; 신 30:6; 겔 11:19; 36:27), 효력 있게 그들을 예수 그리스도께로 이끄신다(요 6:44-45; 엡 1:19). 그렇지만 그들

은 하나님의 은혜로 인하여 기꺼이 자원하게 되어 가장 자유롭게 나아온다(시 110:3; 아 1:4; 요 6:37; 롬 6:16-18).

성령님의 주권적인 사역

여기까지의 모든 일에 사람이 할 수 있는 일은 전혀 없습니다. 거듭남은 전적으로 성령 하나님의 주권적인 사역입니다(요 6:63; 도르트 신조 셋째 넷째 교리 12항). 영적으로 죽은 사람은 스스로 거듭날 수 없습니다. 원죄 아래 있는 사람은 의지가 부패했기에 복음을 깨달을 수 없습니다. 자기 사랑에서 스스로 돌이켜 하나님을 사랑할 수 없습니다. 육체적으로 죽은 사람이 자신을 소생시킬 수 없는 것처럼 영적으로 죽은 사람도 스스로 거듭날 수 없습니다. 거듭나는 일에 사람이 관여할 수 없습니다. 죄인의 어떠한 협력도 존재하지 않습니다(참조. 요 1:13; 6:44). 죽은 사람이 살아날 수 있는 방법은 외부에서 생명을 불어주는 것뿐입니다. 즉 성령님의 주권적 사역, 성령님이 영적으로 죽은 사람에게 새 생명의 본성을 주시는 것뿐입니다.[9]

그 무엇에도 의존하지 않으시는 성령님은 자유로운 뜻에 따라 죄인을 찾아오십니다. 내주하셔서 죄로 말미암아 굳어져 있는 마음과 더러운 영혼에 역사하십니다. 죄인의 마음을 밝히시어 죄와 그 죄로 인한 비참함을 깨닫게 하십니다. 하나님의 일을 깨닫게 하십니다. 돌처럼 굳어 하나님의 은혜에 아무런 반응이 없는 죽은 마음을 하나님의 은혜에 반응할 수 있는 살아 있는 마음으로 바꾸시며, 그 마음을 부드럽게 하시고 깨끗케 하십니다. 사람의 영혼 안에 내면의 변화를 일으키셔서, 의지를 새롭게 하시고, 죄로 죽었던 영혼을 살아나게 하십니다. 어두워진 지성을 조명하시고, 완악한 의지를 부드럽게 하시며, 하나님에 대한 적대적인 마음을 누그러뜨리십니다.[10]

어떻게 이런 일이 가능할까?

지금까지의 설명을 들을 때에 전혀 이해가 안 되는 분이 계실 것입니다. 이 사실을 짐작하신 예수님도 이렇게 말씀하셨습니다. "내가 네게 거듭나야 하겠다 하는 말을 놀랍게 여기지 말라 바람이 임의로 불매 네가 그 소리는 들어도 어디서 와서 어디로 가는지 알지 못하나니 성령으로 난 사람도 다 그러하니라"(요 3:7-8).

거듭남의 역사는 신비롭습니다. 눈에 보이지 않습니다. 바람을 보거나 만질 수 없듯이 거듭남의 역사도 보거나 만질 수 없습니다. 바람이 임의로 부는 것처럼 거듭나게 하시는 성령님의 역사도 철저히 성령님의 주권에 달려 있습니다. 거듭남은 사람의 이해가 미치지 못하게 발생하는 성령님의 주권적 사역의 결과입니다. 하나님은 이해하기 어렵고 도무지 불가능해 보이는 일임에도 분명히 일어날 일임을 이미 오래 전에 보여주셨습니다.

> 여호와께서 권능으로 내게 임재하시고 그의 영으로 나를 데리고 가서 골짜기 가운데 두셨는데 거기 뼈가 가득하더라 나를 그 뼈 사방으로 지나가게 하시기로 본즉 그 골짜기 지면에 뼈가 심히 많고 아주 말랐더라 그가 내게 이르시되 인자야 이 뼈들이 능히 살 수 있겠느냐 하시기로 내가 대답하되 주 여호와여 주께서 아시나이다 또 내게 이르시되 너는 이 모든 뼈에게 대언하여 이르기를 너희 마른 뼈들아 여호와의 말씀을 들을지어다 주 여호와께서 이 뼈들에게 이같이 말씀하시기를 내가 생기를 너희에게 들어가게 하리니 너희가 살아나리라 너희 위에 힘줄을 두고 살을 입히고 가죽으로 덮고 너희 속에 생기를 넣으리니 너희가 살아나리라 또 내가 여호와인 줄 너희가 알리라 하셨다 하라 이에 내가 명령을 따라 대언하니 대언할 때에 소리가 나고 움직이며 이 뼈,

저 뼈가 들어맞아 뼈들이 서로 연결 되더라 내가 또 보니 그 뼈에 힘줄이 생기고 살이 오르며 그 위에 가죽이 덮이나 그 속에 생기는 없더라 또 내게 이르시되 인자야 너는 생기를 향하여 대언하라 생기에게 대언하여 이르기를 주 여호와께서 이같이 말씀하시기를 생기야 사방에서부터 와서 이 죽음을 당한 자에게 불어서 살아나게 하라 하셨다 하라 이에 내가 그 명령대로 대언했더니 생기가 그들에게 들어가매 그들이 곧 살아나서 일어나 서는데 극히 큰 군대더라 또 내게 이르시되 인자야 이 뼈들은 이스라엘 온 족속이라 그들이 이르기를 우리의 뼈들이 말랐고 우리의 소망이 없어졌으니 우리는 다 멸절되었다 하느니라 그러므로 너는 대언하여 그들에게 이르기를 주 여호와께서 이같이 말씀하시기를 내 백성들아 내가 너희 무덤을 열고 너희로 거기에서 나오게 하고 이스라엘 땅으로 들어가게 하리라 내 백성들아 내가 너희 무덤을 열고 너희로 거기에서 나오게 한즉 너희는 내가 여호와인 줄을 알리라 내가 또 내 영을 너희 속에 두어 너희가 살아나게 하고 내가 또 너희를 너희 고국 땅에 두리니 나 여호와가 이 일을 말하고 이룬 줄을 너희가 알리라 여호와의 말씀이니라(겔 37:1-14).

하나님이 에스겔을 골짜기로 데려가셨습니다. 거기에는 뼈가 가득했습니다. 뼈는 시체의 일부분이며 죽은 상태입니다.

게다가 뼈는 말라 있었습니다. 죽었을 뿐 아니라 죽은 지 오래된 뼈들입니다. 하나님이 에스겔에게 묻습니다. "이 뼈가 살아날 수 있겠느냐?" 당연히 불가능합니다. 죽은 시체가 어떻게 살아납니까? 그런데 하나님이 말씀하십니다. "내가 생기를 너희에게 들어가게 하리니 너희가 살아나리라"(5절).

이게 웬일입니까? 정말로 마른 뼈가 살아납니다. 뼈와 뼈들이 서로 연결됩니다. 그 뼈에 힘줄이 생기고 살이 찹니다. 그 위에 가죽이 덮힙니다. 생기가 그곳에 들어갑니다. 결국 마른 뼈가 살아나서 일어서는데 큰 군대가 되었습니다. 마치 처음 사람을 창조하실 때 흙으로 몸을 빚으시고, 그 코에 생기를 불어넣으신 것처럼 말입니다.

이런 일들이 일어난 후 하나님이 말씀하십니다. "내가 또 내 영을 너희 속에 두어 너희가 살아나게 하고 내가 또 너희를 너희 고국 땅에 두리니"(14절).

에스겔이 본 환상은 성령님이 하실 일을 보여줍니다.[11] 성령님은 죽은 자들을 살아나게 하십니다. 마른 뼈에 생기가 불어넣은 것처럼, 죽은 자의 영혼에 생명이 부여됩니다. 바로 거듭남의 역사를 통해 일어나는 일입니다.

다 헤아릴 수 없는 하나님의 역사

여기까지의 설명으로도 잘 이해가 안 될 수 있습니다. 거듭남의 역사는 사람이 다 이해할 수 없습니다. 바람이 부는 것을 알기 어렵듯, 자연의 수많은 섭리들을 이해하기 어렵듯, 하나님의 역사하심도 이해하기 어렵습니다(요 3:8; 전 11:5). 성령님의 거듭나게 하심도 마찬가지입니다. 초자연적으로 일어나는 일이기에 우리가 알 수 없는 신비로운 일입니다.[12]

그러나 이해할 수 없다고, 없는 일이 아닙니다. 완전하게 다 이해하지 못해도 분명 일어나는 일입니다. 당신과 당신의 주변에서 일어나고 있습니다. 전 세계 방방곡곡 복음이 전해지는 곳마다 일어나고 있습니다. 이해하지 못해도 충분합니다. 이해하지 못해도 우리의 거듭남은 일어납니다. 이 사실을 도르트 신조 셋째 넷째 교리 13항은 다음과 같이 고백합니다.

> 이 세상에서 신자들은 이 사역을 행하시는 방식을 완전하게 이해할 수 없다. 그럼에도 불구하고 이 하나님의 은혜로 자신들이 구주를 마음으로 믿고 사랑하고 있다는 것을 알고 체험함으로 만족하는 안식을 누린다.

이해할 수 없지만, 우리를 거듭나게 하시는 분은 성령님이시며 그분은 하나님이십니다. 그렇기에 은혜입니다. 이 은혜가 여러분에게 있습니까? 이 은혜를 누리고 계십니까?

4. 거듭나려면 어떻게 해야 합니까?

중생의 수단

성령 하나님의 절대 주권

거듭남은 철저히 하나님의 단독적(monergistic) 사역입니다. 하나님 한 분만이 그 사역을 이루십니다. 이를 하나님의 독력주의(monergism)라고 합니다.

내가 태어나고 싶다고 태어나는 게 아닙니다. 내가 창조되고 싶다고 창조되는 게 아닙니다. 마찬가지로 사람이 자기 힘으로 거듭날 수 없습니다. 구스인이 그 피부를, 표범이 그 반점을 변하게 할 수 없듯(렘 13:23), 죽은 사람이 자기 스스로 다시 살아날 수 없습니다. 죽은 사람은 죽은 채로 있는 것 외에 아무것도 할 수 없습니다. 예수님은 "나를 보내신 아버지께서 이끌지 아니하시면 아무도 내게 올 수 없으니"(요 6:44), "내 아버지께서 오게 하여 주지 아니하시면 누구든지 내게 올 수 없다 했노라"(요 6:65)고 하셨습니다.

우리를 거듭나게 하실 수 있는 분은 오직 하나님이십니다. "하나님은 죽은 자를 살리시며 없는 것을 있는 것으로 부르시는 분"이십니다(롬 4:17).

사람의 무능력함

사람은 전적으로 타락했기 때문에 무능력한 존재입니다. 스스로 거듭날 수 없습니다. 사람의 그 어떤 행위나 노력도 거듭남에 기여하지 않습니다. 거듭남은 사람의 손에 달려 있지 않습니다. 오직 하나님만 하실 수 있습니다(마 19:26). 거듭남은 오직 하나님의 은혜로 가능합니다.

> 영접하는 자 곧 그 이름을 믿는 자들에게는 하나님의 자녀가 되는 권세를 주셨으니 이는 혈통으로나 육정으로나 사람의 뜻으로 나지 아니하고 오직 하나님께로부터 난 자들이니라(요 1:12-13).

원하는 자로 말미암음도 아니요 달음박질하는 자로 말미암음도 아니요 오직 긍휼히 여기시는 하나님으로 말미암음이니라(롬 9:16).

하나님이 우리를 구원하사 거룩하신 소명으로 부르심은 우리의 행위대로 하심이 아니요 오직 자기의 뜻과 영원 전부터 그리스도 예수 안에서 우리에게 주신 은혜대로 하심이라(딤후 1:9).

우리를 구원하시되 우리가 행한 바 의로운 행위로 말미암지 아니하고 오직 그의 긍휼하심을 따라 중생의 씻음과 성령의 새롭게 하심으로 하셨나니(딛 3:5).

거듭남에 있어서 사람이 아무런 역할을 할 수 없다는 사실은 바울의 회심 체험(행 9:1-19)을 통해서도 알 수 있습니다. 바울이 회심할 때 그의 삶에 하나님이 개입하신 것 외에 그가 한 일은 아무것도 없습니다. 그는 예수님을 믿으려고 하지 않았고, 하나님을 찾지도 않았습니다. 도리어 예수님을 핍박했습니다. 그럼에도 하나님은 그를 거듭나게 하셨고 회심시키셨습니다. 이처럼 거듭남에 있어서 사람은 전적으로 수동적입니다. 이에 대해 도르트 신조 셋째 넷째 교리 3항과 웨스트민스터 신앙고백서 10장 2절이 아주 잘 정리해 놓았습니다.

도르트 신조 셋째 넷째 교리 3항

그러므로 모든 사람은 죄악 중에 잉태되며, 본질상 진노의 자녀로서, 구원에 이르는 선을 행할 능력이 없고, 악으로 기울어져 있고, 죄로 죽었고, 죄의 노예다. 거듭나게 하시는 성령의 은혜 없이는 하나님께로 돌아서려고 하지 않고, 할 수 없으며, 부패한 본성을 개혁하거나, 하나님께서 자신들을 개혁하시도록 내어드릴 수 없으며 그것을 원하지도 않는다.

웨스터민스터 신앙고백서
제10장 효력 있는 부르심에 관하여
2. 이 효력 있는 부르심은 결코 사람 안에 미리 보인 어떤 것이 아니라 오직 하나님의 값없고 특별한 은혜에서 나온다(딤후 1:9; 딛 3:4-5; 엡 2:4-5, 8-9; 롬 9:11). 사람은 성령에 의해 살아나고 새롭게 될 때까지는 전적으로 수동적이며(고전 2:14; 롬 8:7; 엡 2:5), 성령의 은혜로 이 부르심에 응답할 수 있고, 부르심 안에서 제공되고 전달된 은혜를 받아들일 수 있다(요 6:37; 겔 36:27; 요 5:25).

성령 하나님은 인격을 가지신 하나님이시기 때문에 우리가

마음대로 좌지우지할 수 없습니다. 그렇기에 우리가 거듭나는 것은 우리 마음대로 할 수 없습니다. 성령 하나님이 은혜를 베푸셔서 우리를 거듭나게 하셔야 합니다.

사람이 할 일은 없는가?

그렇다면 우리는 아무것도 할 수 없습니까? 어차피 성령 하나님이 하실 일이니, 언젠가는 되겠지 하면서 느긋하게 있으면 됩니까? 아닙니다. 거듭남 그 자체는 사람이 하는 것이 아니지만 사람에게 주어진 몫이 있습니다. 뉴잉글랜드의 청교도 목회자 조나단 에드워즈는 거듭남의 사역이 전적으로 하나님의 단독적인 사역임을 강조하면서도 인간은 거듭나기 위해 애써야 한다고 가르쳤습니다.[1] 청교도의 황태자 존 오웬(1616-1683)은 이렇게 말합니다.[2]

> 사람이 아무 일도 하지 않는 곳에는 하나님의 성령께서도 아무 일도 하지 않으십니다. 성령님께서는 우리 안에서 역사하심과 마찬가지로 우리를 통해 역사하십니다. 그가 우리 안에서 행하시는 것은 우리를 통하여 이루어집니다. 우리의 의무는 우

리 마음의 각성에 따라 그 명령들을 스스로 이행하는 것입니다. 성령님의 일은 그러한 명령을 우리가 수행할 수 있도록 하시는 것입니다. 하나님의 성령께서 모든 것을 하시니 나는 아무것도 하지 않겠다고 말하는 것은 우스꽝스러운 일이며, 모순되는 일입니다.

하나님이 거듭나게 하시므로 사람은 아무런 노력을 할 필요가 없다는 생각은 바람직하지 않습니다. 사람의 노력으로 거듭나는 것이 아니더라도 거듭남의 진리와 신비를 알았다면 거듭남을 위해 애써야 합니다.

거듭남의 수단

18세기 잉글랜드와 뉴잉글랜드(미국)의 영적 대각성 운동을 일으킨 설교자 조지 횟필드(1714-1770)는 거듭남의 은혜를 얻기 위해 모든 은혜의 수단을 사용하라고 말했습니다.[3] 도르트 신조 셋째 넷째 교리 17항 역시 하나님께서 우리를 구원하시는 일에 은혜의 수단 없이 하지 아니하시니, 은혜의 수단을 부지런히 사용하라고 권면합니다.

하나님이 주신 은혜의 방편을 적극 활용해야 합니다. 구원을 바라면서 은혜의 방편을 사용하지 않는 것은 어리석고 안일한 태도입니다. 하나님이 정하신 모든 방법으로 하나님을 찾아야 합니다.[4]

기도

거듭남을 바란다면 끊임없이 기도해야 합니다. 하나님께 열렬히 매달려야 합니다. 간절하면서도 겸손히 간구해야 합니다. 하나님의 긍휼과 자비를 구해야 합니다. 성령님을 주셔서 거듭나게 해 달라고, 성령님의 내주하심으로 말미암아 나를 변화시켜 달라고 기도해야 합니다. 거듭남과 회심이 확실할 때까지 주님의 은혜를 간구해야 합니다. 하나님의 절대 주권에 달린 일이기에 더욱 하나님께 기도해야 합니다.[5] 거듭남의 증거인 회심의 역사가 일어나기까지 기도해야 합니다. 어차피 하나님이 하실 일이라고 가만히 있어도 상관없다는 생각은 잘못입니다. 하나님은 우리의 기도에 좌지우지되시는 분은 아니지만, 그렇다고 기도 없이 역사하지도 않으십니다.

나의 거듭남에 대해서도 기도해야 하지만, 다른 사람의 거듭남을 위해서도 기도해야 합니다. 나의 가족, 친구, 이웃이 거듭나게 해 달라고 하나님께 부르짖어야 합니다.

<u>말씀</u>

거듭남을 바란다면 말씀을 사용해야 합니다. "너희가 거듭난 것은…하나님의 말씀으로 되었느니라"(벧전 1:23)에 따르면 말씀은 거듭남의 수단입니다(참조. 약 1:18). 태초에 말씀으로 세상을 창조하신 하나님은 오늘날 말씀으로 사람을 거듭나게 하심으로 새 창조의 역사를 이어가십니다.

여기에서의 말씀은 무엇보다도 선포되는 말씀, 즉 설교를 말합니다.[6] 왜 그럴까요? 베드로전서 1:23에서 말씀이 거듭남의 수단이라고 했는데, 이어지는 25절에서는 "너희에게 전한 복음이 곧 이 말씀이니라"고 했기 때문입니다. 이렇게 선포된 말씀이야말로 거듭남에 중요한 수단이 됩니다. 그래서 로마서 10:17은 "그러므로 믿음은 들음에서 나며 들음은 그리스도의 말씀으로 말미암았느니라"고 말씀합니다.

이러한 성경의 가르침을 따라 벨기에 신앙고백서 24조는 "우리는 하나님의 말씀을 들음과 성령님의 역사하심으로 말미암아 사람 안에 생기는 이 참된 믿음이 그 사람을 중생하게 하여 새 사람으로 만든다는 것을 믿습니다"라고 고백합니다.[7] 웨스트민스터 대요리문답 155문답은 "하나님의 영이 말씀을 읽는 것, 그러나 특히 말씀 선포를 효력 있는 방편으로 삼아 죄인들을 깨닫게 하시고, 설득하시고, 겸손하게 하시며, 그들을 자기 자신들로부터 몰아내어 그리스도께로 이끄시고 … 구원을 효력 있게 합니다"라고 고백합니다. 대다수 종교개혁자와 청교도들도 읽히는 말씀보다 선포된 말씀이 더 중요하다고 믿었습니다.[8]

거듭나기 위해서는 설교를 들어야 합니다. 거듭나지 않은 사람은 설교를 들어야 합니다. 예수 그리스도에 관한 복음의 말씀을 열심히 들어야 합니다. 하나님의 거룩하신 율법을 열심히 들어야 합니다. 설교를 통해 십자가 복음을 들어야 합니다. 말씀이 선포되는 자리에 있어야 합니다. 그렇게 들음으로써 성령 하나님이 역사하시도록 해야 합니다. 또한 설교자는 거듭남을 위해 말씀 선포에 항상 힘써야 합니다(딤후 4:2).[9]

<u>그 밖의 수단</u>

성경 읽기, 성경연구, 성경공부, 경건서적 읽기, 부모의 가르침, 개인전도, 전도지 같은 다양한 매체를 통해서도 거듭나는 사례들이 있습니다. 하나님은 목사와 선교사만 아니라 우리 모두를 사용하십니다.[10] 하나님이 얼마나 다양한 수단을 사용하셨는지는 교회 역사를 통해 알 수 있습니다.

존 오웬은 1642년, 당시 유명한 설교자 에드먼드 칼라미(1600-1666)박사의 설교를 듣기 위해 알더만베리 교회당에 갔

다가 다른 무명의 설교자가 마태복음 8:26의 말씀을 본문으로 행한 설교를 듣고 회심했습니다.[11]

조나단 에드워즈는 "영원하신 왕 곧 썩지 아니하고 보이지 아니하고 홀로 하나이신 하나님께 존귀와 영광이 영원무궁하도록 있을지어다 아멘"(딤전 1:17)을 읽다가 회심했습니다.[12]

찰스 스펄전(1834-1892)은 1849년 어느 주일 자그마한 교회당에서 이사야 45:22를 본문으로 선포된 설교를 듣고 회심했습니다. 뿐만 아니라 조셉 얼라인(1634-1668)의 『회개하지 않은 자에게 보내는 경고』(An Alarm to the Unconverted)와 리처드 백스터(1615-1691)의 『회심으로의 초대』(A Call to the Unconverted, 이하 CH북스 역간) 같은 경건서적들도 그의 회심에 영향을 미쳤습니다.[13]

조지 휫필드는 헨리 스쿠걸(1650-1678)이 쓴 『인간의 영혼속에 있는 하나님의 생명』(The Life of God in the Soul of Man, 1677)이라는 책을 읽고 회심했습니다.[14]

이처럼 설교, 성경 읽기, 경건서적 등이 거듭남의 수단이 될 수 있습니다. 이외에도 하나님은 다양한 방법들을 사용하십니다. 그러므로 이런 모든 수단들을 열심히, 부지런히, 즐거이 사용해야 합니다. 하나님이 어떤 수단으로 거듭나게 하실지는 알 수 없습니다.

거듭나게 하시는 성령

우리는 말씀이라는 방편을 통해 거듭날 수 있습니다. 그렇다고 말씀 그 자체가 거듭나게 하는 것은 아닙니다. 말씀은 도구에 불과합니다. 거듭나게 하시는 주체는 성령님이십니다. 성령님 없이는 말씀이 효력을 발휘할 수 없고, 말씀 없이는 성령님의 역사가 별로 효력을 나타내지 못합니다.[15] 성령님은 자신의 사역을 설교와 결합시키시고, 구원의 메시지가 제시되는 곳에서 역사하십니다. 성령님은 복음에서 제시된 그리스도와 분리되어서는 역사하지 않으십니다.[16]

이 사실을 아주 중요하게 생각한 개혁주의자들은 "성령님은 말씀을 가지고(per Verbum), 말씀과 함께(cum Verbo) 역사하신다"는 표현을 사용했습니다.[17] 그래서 웨스트민스터 신앙고백서 10장 1절은 말씀과 성령을 나란히 배치하고 있습니다.

> 하나님께서는 생명에 이르도록 예정하신 모든 사람만을 자기가 정하시고 용납하신 때에 이들이 본성적으로 처해 있는 죄와 사망의 상태로부터, 예수 그리스도로 말미암는(딤후 1:9; 롬 8:2; 엡 2:1-5) 은혜와 구원으로 <u>자신의 말씀과 성령에 의해 (살후 2:13; 고후 3:3, 6)</u> 효력 있게 부르시기를 기뻐하신다(롬

8:30; 11:7; 엡 1:10, 11). 그들의 마음을 밝히시어(enlightening) 영적으로 그리고 구원에 관하여 하나님의 일들을 이해하게 하시며(고전 2:10, 12; 행 26:18; 엡 1:17, 18), 돌 같은 그들의 마음을 제거하시고 살 같은 마음을 주시며(겔 36:26), 그들의 의지를 새롭게 하시고 전능하신 능력으로 그들이 선을 향하도록 정하시며(빌 2:13; 신 30:6; 겔 11:19; 36:27), 효력 있게 그들을 예수 그리스도께로 이끄신다(요 6:44, 45; 엡 1:19). 그렇지만 그들은 하나님의 은혜로 인하여 기꺼이 자원하게 되어 가장 자유롭게 나아온다(시 110:3; 아 1:4; 요 6:37; 롬 6:16-18).

외적 부르심과 효력 있는 부르심

설교, 성경 읽기, 성경연구, 성경공부, 경건서적 읽기, 부모의 가르침, 개인전도, 전도지 등 복음을 소개하고 예수님께로 초대하는 것을 '외적 부르심'이라고 합니다. 그 부르심을 통해 성령님이 내주하셔서 실제로 효력을 내는 것을 '내적 부르심'이라고 합니다. 내적 부르심은 '효력 있는 부르심'(effectual calling)이며,[18] 그 결과로 일어나는 일이 중생입니다.[19] 성경에서 '부르시다'라는 말은 '효력 있는 부르심'을 가리킬 때가 많습니다(롬

8:30; 고전 1:9; 7:18, 21; 갈 5:8, 13; 엡 4:1, 4; 골 3:15; 딤전 6:12; 벧전 5:10).[20] 과거에 신학이 체계화되기 전에는 거듭남(중생)을 부르심(소명, calling)에 포함시켜 이해했습니다.

외적 부르심이 있다고 해서 모두 다 거듭나는 것은 아닙니다. 마태복음 22:14는 "청함을 받은 자는 많되 택함을 입은 자는 적으니라"고 말씀합니다. 바울이 빌립보에서 복음을 전할 때(행 16:12-14)도 마찬가지였습니다. 그때 문 밖 강가에 모여 앉아있는 여러 여인들에게 전했습니다. 하지만 여러 여인 중에 루디아라는 한 여자만 회심했습니다. 하나님이 역사하지 않으시면 아무리 부르심이 있어도 효력 있는 부르심이 되지 않습니다. 그렇기에 거듭남의 사역은 철저히 성령 하나님의 주권적 사역입니다(롬 9:16).

내적 부르심 없는 외적 부르심은 귀와 머리에 다다르지만, 내적 부르심은 가슴과 마음과 영혼에까지 다다릅니다. 그 결과 보지 못하는 마음의 눈을 열고, 듣지 못하는 마음의 귀를 열어줍니다.[21]

모두에게 차별 없이 전파되어야 할 복음

외적 부르심을 받은 모든 사람이 거듭나는 것은 아니라는 사실을 들을 때 "그러면 거듭날 만한 사람에게만 복음을 전해야겠다"고 생각할 수 있습니다. 하지만 안타깝게도 우리는 누가 거듭날 만한 사람인지 전혀 모릅니다. 하나님은 그것을 비밀에 부치셨습니다. 그러므로 우리는 사람을 가려가면서 복음을 전해서는 안 됩니다. "저 사람은 아마 안 될 것 같애"라고 추측해서는 안 됩니다. 당신이 만약 거듭나지 않았다고 하더라도 "나는 거듭날 만한 사람이 아니야"라고 단정지을 필요가 전혀 없습니다. 우리는 하나님이 누구를 거듭나게 하실지 전혀 알지 못합니다. 우리가 할 수 있는 일은 복음을 전하는 것뿐입니다.

우리는 누구에게든지 복음을 전해야 합니다. 복음은 차별 없이 전파되어야 합니다. 누가 예정되었는지, 누가 거듭날 수 있는지를 전혀 알 수 없는 우리가 복음 전파를 제한해서는 안 됩니다.[22] 하나님이 누구를 부르실지 추측하는 일은 우리가 할 일이 아닙니다. 복음의 부르심에 모든 사람이 응답하지 않는다 하더라도 말입니다. 이 세상의 모든 사람이 죄인이듯, 복음은 모든 사람에게 전파되어야 합니다. 성경은 복음을 모든 사람에게 전해야 한다고 가르칩니다. 세례 요한, 사도들은 누가 택함을 받은 사람인지 구분하려 하지 않았고, 차별 없이 하나님 나라의 복음을 선포했습니다.[23] 예수님도 차별하지 않으셨습니다. 사마리아인과 함께 하시며(요 8:6-8), 세리, 죄인과 함께 식사하셨습니다(마 9:10-11; 막 2:15; 눅 5:29; 19:5).

> 오호라 너희 모든 목마른 자들아 물로 나아오라 돈 없는 자도 오라 너희는 와서 사 먹되 돈 없이 값없이 와서 포도주와 젖을 사라(사 55:1).

> 너희는 온 천하에 다니며 만민에게 복음을 전파하라(막 16:15).

> 두 사도가 주의 말씀을 증언하여 말한 후 예루살렘으로 돌아갈새 사마리아인의 여러 마을에서 복음을 전하니라(행 8:25).

성경은 누구든지 복음을 들어야 하고, 누구에게든지 복음을 전해야 한다고 말씀합니다. 도르트 신조도 둘째 교리 5항에서 다음과 같이 고백합니다.

> 게다가 십자가에 못 박히신 그리스도를 믿는 사람마다 멸망하

지 않고 영원한 생명을 얻는다는 것이 복음의 약속이다. 이 약속은 회개하고 믿으라는 명령과 함께, 하나님께서 자신의 선하신 기쁘심으로 복음을 보내시는 사람에게 차별 없이 전파되고 선포되어야 한다.

거듭남은 외적 부르심을 통해 이뤄지는 하나님의 사역입니다. 그리고 하나님은 사람을 통해서 이 일을 하십니다. 그러므로 복음은 모든 사람에게 차별 없이 전파되어야 합니다.

수단 없이 이루어지는 거듭남

성령님은 일반적으로 수단을 사용해서 역사하십니다. 하지만 예외도 있습니다. 성령님은 수단 없이도 사람을 거듭나게 하십니다. 바로 어린아이나 중증 지적 장애를 가진 이들에 대해 그렇게 하실 수 있습니다.

지금으로부터 400여 년 전 신자들에게 이 문제는 매우 중요했습니다. 당시에 영아 사망률이 높았기 때문입니다. '말씀을 전혀 들어보지 못하고 죽은 자신의 아이는 거듭나지 못했는가? 그들은 구원에 이를 수 없는 자들인가?'라는 의문이 들

수밖에 없었으나, 신자들은 성경의 가르침에 따라 거듭남은 전적으로 성령 하나님의 주권이기에 충분히 그들도 거듭난 경우가 있을 것이라 믿었습니다. 성령님은 수단을 사용하시지만, 수단 없이도 능력을 베푸실 수 있기 때문입니다. 웨스트민스터 신앙고백서 제10장 제3절은 이렇게 설명합니다.

> 유아 때 죽은 택함 받은 유아들은, 기뻐하시는 때와 장소와 방법으로 일하시는(요 3:8) 성령을 통해 그리스도에 의해 거듭나고 구원받는다(눅 18:15-16; 행 2:28-39; 요 3:3, 5; 요일 5:12; 롬 8:9). 말씀 사역에 의한 외적 부르심을 받을 능력이 없는 다른 모든 택함 받은 사람들도 이와 같다(요일 5:12; 행 4:12).

그렇다고 수단 없이 거듭나게 하시는 사역을 일반화하는 것은 주의해야 합니다. 그렇게 될 때 인간의 책임이 경시될 가능성이 있기 때문입니다. 성령님이 신비로운 방법을 통해 거듭나게 하시는 것은 일반적인 일이 아닙니다.[24]

5. 거듭나면 어떻게 됩니까?
중생의 결과

생명이신 성령님이 내주하셔서(요일 3:24; 4:13) 거듭납니다. 죄로 죽었던 영혼이 다시 살아납니다. 마음이 새로워지고, 새 사람이 됩니다. 생명이 있는 곳에는 영적인 변화가 있습니다. 거듭남은 반드시 어떠한 효과가 따라오게 되어 있습니다. 만약 아무런 변화가 없다면 그건 거듭남이라고 할 수 없습니다.

전인격(지성, 감정, 의지)의 변화

성령 하나님의 거듭나게 하시는 역사가 일어나면 전인격이 변화합니다. 이 세상의 모든 사람은 타락으로 말미암아 지성은 눈멀었고, 감정은 충동적이 되었고, 의지는 완고해졌습니다. 지성의 눈멂으로 인해 하나님의 살아계심과 위대하심을 알지 못하고 자신이 죄인이라는 사실을 보지 못합니다. 감정의 충동으로 인해 쉽게 정욕에 넘어지고 탐심에 빠집니다. 의지의 완고함으로 인해 하나님의 뜻을 따르지 않습니다. 자연인은 하나님께 속한 거룩한 모든 속성들을 다 잃어버렸습니다. 하나님과 공유하던 속성들, 타락 전에 지녔던 모든 아름다움을 잃어버렸습니다.[1]

거듭나면 지성이 변합니다. 그전에는 하나님이 누구신지 전혀 몰랐습니다. 설교를 들어도 아무런 깨달음이 없고, 성경을 읽어도 아무런 이해가 없습니다. 거듭남으로 이제는 어둠 대신에 빛이 지성에 자리 잡습니다. 그 빛으로 하나님의 지혜에 굴복하게 되고, 하나님의 뜻을 발견하려고 힘쓰게 됩니다.

거듭나면 감정이 변합니다. 그전에는 마음이 완악했습니다. 돌 같이 굳은 마음을 갖고 있었습니다. 십자가의 복음을 들어도 아무런 감동이 없었고, 하나님의 일에 대해 아무런 기쁨을 가질 수 없었습니다. 거듭남으로 이제는 살같이 부드러워집니다. 정서에는 증오 대신에 사랑이, 권태보다는 즐거움이 자리 잡게 되어 하나님의 즐거움에 굴복하게 되고 하나님의 품으로

피하게 됩니다.

거듭나면 의지가 변합니다. 전에는 예수 그리스도께로 나아갈 의지가 없었으나, 거듭나면 은혜를 받아들이고 영접할 수 있는 의지가 생깁니다. 거듭남의 결과 의지에는 고집스러움 대신에 부드러움이 교만함 대신에 겸비함이 들어섭니다.

거듭난 사람의 지성은 하나님을 아는 것이요, 의지는 하나님을 선택하는 것이며, 정서는 하나님을 향한 활동입니다. 지성은 하나님의 일들을 깨닫는 데, 의지는 그것들을 선택하는 데, 정서는 그것들을 만족하는 데 익숙해집니다.[2]

거듭남의 결과, 회심

거듭나면 나타나게 되는 결과로서 회심이 가장 핵심입니다.[3] 회심(Conversion)이란 죄인이 하나님께로 돌아서는 것입니다. 거듭난 영혼이 자기의식으로 최초로 움직이는 것입니다. 거듭나기 전에는 하나님께로 돌아서려고 하지 않고, 할 수 없습니다(도르트 신조 셋째 넷째 교리 3항). 그런데 거듭나면 하나님께로 돌아설 수 있는 능력이 부여되고, 하나님께로 돌아섭니다.

회심은 거듭남의 외적 증거입니다. 회심을 통해 거듭남이

입증됩니다.[4]

회심에는 두 측면이 있습니다. 믿음과 회개입니다. "유대인과 헬라인들에게 하나님께 대한 <u>회개</u>와 우리 주 예수 그리스도께 대한 <u>믿음</u>을 증언한 것이라"(행 20:21)는 말씀은 회개와 믿음이 곧 복음 선포의 핵심임을 보여줍니다.

이 두 측면은 각각 의롭다함과 죄 사함으로 이어집니다. 회심으로 말미암아 믿음을 갖게 되어 칭의를 경험하고, 회심으로 말미암아 회개를 하여 죄 사함을 체험합니다. 믿음은 구원에 이르게 하고(히 10:39; 웨스트민스터 신앙고백서 14장), 회개는 생명에 이르게 합니다(행 11:18; 웨스트민스터 신앙고백서 15장). 믿음과 회개는 구별되지만, 동시적입니다. 믿음과 회개가 그런 것처럼 의롭다 하심과 죄 용서하심도 하나입니다. 그래서 성경은 믿는 자가 의롭게 된다고 말할 뿐만 아니라(행 13:39) 믿는 자가 죄 사함을 받는다고 말합니다(행 10:43).[5]

거듭남은 하나의 힘을 부여합니다. 회심은 이 힘을 행사합니다. 거듭남으로 말미암아 심겨진 새 생명은 죄인이 회심할 때 그의 의식 안에서 적극적으로 표출하게 됩니다. 거듭남이 사람 안에서 일어나는 하나님의 활동이라면, 회심은 그 하나님의 활동으로 주어진 첫 번째 원리에 의해 사람이 하나님을 향하여 나타내는 활동입니다. 하나님이 새 생명을 주시는 것이 거듭남이라면, 회심은 그 은혜에 반응하는 것입니다. 거듭남으로 말미암아 새겨진 이 원리에서 이후의 모든 행동, 곧 믿는 것과 회개하는 것이 나옵니다.[6]

회심은 거듭남의 결과요, 증거입니다. 회심은 거듭난 사람이 믿음과 회개를 통해 하나님을 향해 돌이키는 의식적인 행위입니다. 이러한 현상에 대해서 사도행전 26:28은 "그 눈을 뜨게 하여 어둠에서 빛으로, 사탄의 권세에서 하나님께로 돌아오게 하고, 죄 사함과 나를 믿어 거룩하게 된 무리 가운데서 기업을 얻게 하리라"고 말씀합니다.

거듭남은 사람이 전혀 개입할 수 없는, 전적인 하나님의 일이지만, 회심은 하나님의 일이면서 또한 동시에 사람의 협력으로 이루어집니다. 하나님이 우리를 거듭나게 하심으로 회심시키셔야 하지만, 우리 또한 하나님을 향해 돌이켜야 합니다(행 2:38; 16:31; 롬 10:9). 거듭남은 의식하지 못하는 변화지만, 회심은 의식적으로 하는 행동입니다.

<u>믿음</u>

회심의 첫 번째 측면은 믿음입니다. 거듭난 사람은 예수 그리스도를 믿는 믿음을 갖게 됩니다(요일 2:23; 4:15; 5:1, 4, 12).[7] 거듭나기 전에는 예수님을 믿을 수 없습니다. 그럴 만한 능력과

힘이 전혀 없습니다. 아무리 복음을 들어도 믿음이 생기지 않습니다. 설령 눈앞에 예수님이 나타나신다 해도 예수님을 믿을 수 없습니다. 거듭나면 성령 하나님은 우리를 예수님께 인도합니다. 그 결과 예수님을 믿을 수 있습니다.

예수님을 믿어야 살아나는 것이 아닙니다. 죽은 영혼이 성령님의 은혜로 살아날 때 예수님을 믿을 수 있게 됩니다. 즉 믿으면 거듭나게 되는 것이 아니라 거듭나면 믿게 됩니다. 이것은 미묘한 차이지만 매우 중요합니다. 물론 거듭남과 믿음이 거의 동시에 일어나기 때문에 우리의 삶에서 명확하게 구분하기란 어렵습니다. 그럼에도 논리적으로 거듭남의 결과로 믿음이 생긴다고 보아야 맞습니다. 믿음이 있는지를 통해 거듭났다는 사실을 알 수 있습니다(요일 5:1).

거듭남은 하나님이 하시는 일이요, 믿는 것은 사람이 해야 할 일입니다. 이 둘은 언제나 함께 가야 합니다.

<u>회개</u>
회심의 두 번째 측면은 회개입니다. 거듭난 사람은 자신의 죄를 회개합니다. 거듭나기 전에는 회개할 만한 능력과 힘이 전혀 없습니다. 아무리 율법을 들어도 회개하지 않습니다. 거듭나면, 성령 하나님은 그 사람의 죄와 비참함을 깨닫게 해주십

니다. 거듭날 때 자연인은 죄의식을 가질 힘이 생겨납니다. 자신이 죄인이라는 사실을 깨닫게 됩니다(행 2:37). 죄를 볼 수 있는 영안이 생깁니다. 자기 죄에 대한 확신이 생깁니다. 죄에 대해 두려워하고 참회하게 됩니다. 죄의 참혹함에 대해 깊이 깨닫게 됩니다. 하나님 앞에서 두려워 떨게 됩니다. 죄에서 돌아서게 됩니다. 죄로부터 분리 혹은 단절하게 됩니다. 결국 그리스도의 십자가만이 자신의 죄를 깨끗케 할 수 있음을 알고 그리스도께 나아갑니다.

거듭남은 하나님이 하시는 일이요, 회개하는 것은 사람이 해야 할 일입니다. 이 둘은 언제나 함께 가야 합니다.

거듭남과 회심

거듭남과 회심은 구분되지만, 분리될 수 없습니다. 거듭남과 회심은 단짝입니다. 거듭남과 믿음, 거듭남과 회개, 믿음과 회개 사이에는 간극이 없습니다. 거듭나므로 믿고, 거듭나므로 회개하며, 믿음으로 회개합니다. 이 모든 일의 관계는 형광등 스위치를 켜는 일과 불빛으로 방 전체를 밝히는 일과 비슷한 관계입니다.[8]

예수님과 함께 십자가에 달린 한편 강도는 십자가 위에서 거듭나서 자신과 함께 십자가에 달린 다른 강도에게 "네가 동일한 정죄를 받고서도 하나님을 두려워하지 아니하느냐 우리는 우리가 행한 일에 상당한 보응을 받는 것이니 이에 당연하거니와 이 사람이 행한 것은 옳지 않은 것이 없느니라"라고 말했고, 예수님께 "예수여 당신의 나라에 임하실 때에 나를 기억하소서"라고 했습니다(눅 23:40-42). 오순절 성령강림 사건 당시 사람들은 "너희가 십자가에 못 박은 이 예수를 하나님이 주와 그리스도가 되게 하셨느니라"(행 2:36)는 베드로의 설교를 듣고 거듭나서 "마음에 찔려 베드로와 다른 사도들에게 물어 이르되 형제들아 우리가 어찌할꼬"(37절)라고 했습니다. 여리고의 세리장 삭개오는 자신의 집에 찾아온 예수님으로 인해 거듭나서 그분을 영접했고(눅 19:6), "내 소유의 절반을 가난한 자들에게 주겠사오며 만일 누구의 것을 속여 빼앗은 일이 있으면 네 갑절이나 갚겠나이다"(눅 19:8)라고 회개했습니다. 바울은 다메섹으로 가던 길에 만난 빛과 소리로 인하여 거듭나서 바로 회심했습니다(행 9:1-22; 22:1-21; 26:4-9; 갈 1:11-17; 빌 3:4-11; 고전 15:8-10; 딤전 1:13). 빌립보의 자색 옷감 장사 루디아는 바울의 설교를 듣다가 거듭나서 회심했습니다(행 16:14). 빌립보 감옥의 간수는 감옥에서 풀려난 바울과 실라의 모습을 보고 거듭나 "내가 어떻게 하여야 구원을 받으리이까"(행 16:30)라고 했습니다.[9] 이렇게 거듭남과 회심은 분리될 수 없습니다.

회심은 사람마다 다양하게 일어난다

거듭남의 열매요 결과인 회심은 사람마다 다르게 나타납니다. 어떤 사람은 바울처럼 극적으로 나타나지만, 어떤 사람은 천천히 나타납니다. 극적인 장면이 연출되지 않는 경우가 더 많습니다. 특히 믿는 부모의 자녀로 태어나 어릴 때부터 교회생활을 한 사람들의 경우 급진적인 회심이 없는 경우가 많습니다.[10] 이 사실을 잘 기억해야 합니다. 그렇지 않으면 바울처럼 극적인 상황이 일어나지 않았다는 이유로 자신의 구원을 끊임없이 의심하게 됩니다. 모든 사람이 똑같은 패턴의 회심을 경험할 것이라고 생각하는 것은 매우 위험하고 비성경적입니다. 회심에서 중요한 것은 발생하는 방식이나 시점이 아니라 회심의 진정성입니다.[11]

헤르만 바빙크는 위대한 종교개혁자들의 회심에 대해 이렇게 표현한 적이 있습니다.

루터는 깊은 죄책감으로부터 그리스도 안에 있는 하나님의 용서하시는 은혜에 대한 즐거운 인식으로의 회심이었다. 츠빙글리는 율법의 속박에서 자신이 하나님의 자녀임을 아는 행복으로, 해방된 존재로서의 회심이었다. 칼뱅은 오류에서 진리로, 의심에서 확신으로의 회심이었다.[12]

회심을 체험할 때 그 순서, 강도, 지속의 정도는 회심이 일어나는 상황이나 사람에 따라서 다양합니다. 그렇지만 그 체험의 요소들은 동일합니다.[13]

지속되는 회심

참된 회심은 한 사람의 일생에서 거듭남의 결과로 단 한번 발생합니다. 또한 동시에 지속적입니다. 회심은 단 한번 일어나지만, 그 회심에 기초한 믿음과 회개는 일평생 계속됩니다. 그리스도를 한번 믿고 그다음에는 믿지 않는 것이 아닙니다. 계속 믿습니다. 자신의 죄를 한번 회개하고 그다음에는 회개하지 않는 것이 아닙니다. 계속 회개합니다. 이 모든 일이 일평생 계속됩니다. 성화를 통해 그 내용이 더욱 깊어집니다. 믿음이

깊어지고 회개가 단단해집니다.

거듭나서 회심한 사람은 계속해서 회개합니다. 거듭났지만 여전히 죄성이 남아 있고 원죄에서 끊임없이 자범죄가 생산되기에, 그 죄를 회개합니다. 자신에게 어떤 죄가 있는지를 분별할 줄 알고, 그 죄를 회개합니다. 자신의 죄로 인해 날마다 부끄러워하며 진지한 슬픔을 갖습니다.

거듭남과 칭의, 성화

거듭남은 새 생명의 원리이자 근본적인 변화입니다. 모든 변화의 기초이며 모든 은혜의 시작입니다. 그러므로 우리 안에 역사하는 구원하는 은혜는 거듭남을 원천으로 자라갑니다.[14]

거듭남을 통해 죽은 사람이 살아나고, 살아남에 근거해 회심합니다. 회심의 한 측면인 믿음으로 의롭다함을 얻고, 또 한 측면인 회개를 통해 죄 사함을 얻습니다. 거듭난 사람은 예수님을 믿게 되고 결국 의롭다함을 얻습니다. 의롭다함을 얻은 것으로 만족하지 않고 성화를 이루어갑니다. 거듭난 신자는 새롭게 심겨진 본성을 따라 거룩하게 살기를 원하는 주도적인 소원을 갖게 됩니다. 웨스트민스터 신앙고백서 11장 1절은

"하나님께서 효력 있게 부르신 자들을 값없이 의롭다 칭하시니"라고 고백하고, 13장 1절은 "효력 있게 부르심을 받아 거듭난 그들은, 그들 안에 창조된 새 마음과 새 영을 가졌기 때문에 그리스도의 죽으심과 부활의 능력을 통해, 그분의 말씀과 그들 안에 거하시는 성령으로 말미암아, 실제적이고 인격적으로 더욱 거룩하게 된다"고 고백합니다. 그래서 부르심, 중생, 회심, 칭의, 성화는 구분되지만 분리할 수 없습니다. 칼뱅을 포함해 17세기 이전의 신학자들이 이를 명확하게 구분하지 않았던 이유가 바로 여기에 있습니다.

거듭남과 이를 통해 나타나는 효력은 분리될 수 없습니다.[15] 거듭난 자가 의롭게 되지 않을 수 없고, 거듭난 자가 성화되지 않을 수 없으며, 영화에 이르지 않을 수 없습니다.[16]

이렇게 거듭남은 모든 구원역사의 근본입니다. 거듭남 없이는 믿음, 칭의, 회개, 성화, 구원의 확신이 있을 수 없습니다. 회심, 칭의, 성화, 구원의 확신 등은 거듭남에서 비롯된 은혜들입니다. 거듭난 자에게 내주하신 성령 하나님은 떠나지 않으시고 거듭남에 기초하여 다른 사역들을 이어가십니다. 거듭남은 그 자체로 끝나지 않습니다. 거듭남은 우리를 구원하시는 성령님의 시작에 불과합니다. 거듭남으로 말미암아 우리 속에 계속된 변화들이 일어납니다. 그래서 웨스트민스터 소요리문답 32문답은 다음과 같이 가르칩니다.

32문: 효력 있는 부르심을 받은 자들에게 이 세상에서 무슨 유익이 있습니까?

답: 효력 있는 부르심을 받은 자들은 이 세상에서 의롭다 하심(칭의)과 양자로 삼으심과 거룩하게 하심(성화)을 얻고, 또한 이것과 더불어 받는 여러 유익과 거기서 나오는 여러 유익을 받습니다.

여러분이 만일 거듭나셨다면 믿음, 칭의, 회개, 양자, 성화, 구원의 확신 등의 성령의 은혜가 나타날 것입니다.

거듭남의 궁극적인 결과: 하나님 나라를 볼 수 있게 된다

예수님과 니고데모의 대화를 기억하실 것입니다. 예수님은 "사람이 거듭나지 아니하면 하나님의 나라를 볼 수 없느니라…사람이 물과 성령으로 나지 아니하면 하나님의 나라에 들어갈 수 없느니라"고 말씀하셨습니다.

그러므로 거듭난 사람은 하나님 나라를 볼 수 있습니다. 하나님 나라에 들어갈 수 있습니다. 하나님 나라의 영광과 기쁨을 누릴 수 있습니다. 이런 점에서 하나님 나라는 죽어서가 아니라 살아서 이미 들어갑니다. 하나님이 주신 귀중한 생명을 가지고 이 세상에서 하나님 나라를 증거하면서 살다가, 이 세상의 삶이 마감되면 그대로 하늘에 있는 나라에 들어가는 것입니다. 거기서는 완성된 하나님 나라, 극치에 이른 하나님 나라에서 하나님의 거룩한 통치를 온전히 맛보게 될 것입니다. 영원한 생명을 누릴 것입니다.[17]

6. 거듭났는지 어떻게 알 수 있습니까?

중생의 증거

신비로운 거듭남

길을 지나가는 수많은 사람들 중에서 거듭난 사람과 그렇지 않은 사람을 구별해 낼 수 있을까요? 사람의 겉모습과 몸짓만 보아서는 거듭났는지 알 수 없습니다. 거듭남은 하나님의 신비로운 사역입니다. 은밀하고 이해할 수 없는 성령님의 역사입니다. 거듭남은 순간적입니다. 그 순간의 일은 신비이자 비밀입니다. 그 순간과 과정을 사람이 파악하기란 불가능합니다.

청교도들은 거듭남이 하나님의 신비로운 역사이므로 다 설명할 수 없지만 대신 내면에서 일어나는 일을 설명하는 데

많은 노력을 기울였습니다.[1] 그 결과 회심에 대한 자세한 논의가 있었습니다.

거듭남의 여부는 그 결과인 회심의 여부로 확인할 뿐입니다. 회심의 결과 및 표지가 곧 거듭남의 증거가 됩니다. 거듭남은 반드시 회심으로 나타나기 때문입니다. 모든 외적인 변화가 내적인 변화를 증명하는 것은 아니지만, 내적인 변화는 언제나 외적인 변화를 동반하기 때문입니다.[2]

회심의 표지

거듭나서 회심한 사람에게서 나타나는 특징은 아래와 같습니다. 이것을 회심의 표지(marks)라고 합니다.[3]

1) 자신이 죄인이라는 사실을 깨닫습니다(눅 5:8; 18:13; 행 2:37; 딤전 1:15). 회심은 회개를 일으키니 거듭난 자는 자신이 죄인이라는 사실과 그 죄의 구체성을 바르게 이해하고 그로 인해 슬퍼하고 근심합니다. 죄에 대한 깨달음의 깊이와 정도는 사람마다 차이가 있지만, 깨달음이 없는 거듭난 사람은 없습니다.

2) 죄를 짓지 않으려는 성향이 생깁니다. "하나님께로부터

난 자마다 죄를 짓지 아니하나니 이는 하나님의 씨가 그의 속에 거함이요 그도 범죄하지 못하는 것은 하나님께로부터 났음이라"(요일 3:9)와 "하나님께로부터 난 자는 다 범죄하지 아니하는 줄을 우리가 아노라 하나님께로부터 나신 자가 그를 지키시매 악한 자가 그를 만지지도 못하느니라"(요일 5:18)라는 말씀에 따르면 거듭난 사람은 죄를 짓지 않습니다. 죄 짓는 행위는 그 사람이 하나님에게서 나지 않았다는 증거요 확증이며, 죄를 짓지 않는다는 것은 거듭났다는 증거요 확증입니다.

3) 거듭나서 회심한 사람은 회심할 때, 그리고 회개한 이후에 계속해서 회개합니다. 이미 회개한 것에 대해 회개하는 것이 아니라 거듭났음에도 불구하고 계속해서 범할 수밖에 없는 죄와 자신에게 있는 원죄를 끊임없이 회개합니다. 진정한 회심을 경험한 사람도 일시적으로 악의 유혹에 끌려 죄에 빠질 수도 있습니다. 하지만 거듭난 심령 속에 있는 새로운 생명의 원리가 계속해서 역사함으로 말미암아 결국 통회하는 심정으로 다시 하나님께 돌아오게 됩니다.[4]

4) 죄에 대한 인식의 넓이와 깊이가 달라집니다. 거듭나기 전에는 죄라고 전혀 생각하지 않았던 것도 거듭난 후에는 죄라는 것을 알게 됩니다. 거듭나기 전에는 조금은 가볍게 생각하던 문제가 거듭난 후에는 더욱 가책을 느끼게 됩니다. 거듭

나기 전에는 죄를 지어도 그다지 큰 가책이 없었지만, 거듭난 후에는 죄를 짓고 나면 뭔가 모를 불편함이 있습니다.

5) 죄를 미워하게 됩니다. 거듭나고 회심하기 전에는 죄를 사랑했다면, 이제는 그 죄가 분노의 대상이 됩니다. 나아가 죄와 적대 관계에 있게 됩니다.[5] 죄는 더 이상 반갑지 않고, 가까이 하기 싫은 대적이 됩니다.

6) 예수님을 하나님의 아들, 그리스도, 주인, 구원자로 믿게 됩니다(마 16:16; 눅 2:11; 9:20; 요 20:28, 31; 행 2:36; 20:21; 28:31; 고전 12:3; 빌 2:11). 요한일서 5:1은 "예수께서 그리스도이심을 믿는 자마다 하나님께로부터 난 자니 또한 낳으신 이를 사랑하는 자마다 그에게서 난 자를 사랑하느니라"고 말씀합니다. 거듭난 사람은 예수님이 그리스도이심을 믿습니다. 거듭난 사람은 예수 그리스도께서 행하신 십자가와 부활 사역을 역사적 사실로 믿습니다. 거듭난 사람은 그분의 사역이 곧 나를 위함이요, 나를 죽음에서 생명으로 건져줄 수 있는 능력이 있음을 믿습니다.

7) 성자 하나님뿐만 아니라 성부와 성령, 삼위일체 하나님을 믿습니다(요 17:3). 거듭난 사람은 성자 예수님을 통해 성부 하나님께로 나아갑니다(요 14:6). 성령님이 하나님이심을 믿습니다.

8) 삼위일체 하나님과 그분의 말씀을 더욱 알고 싶어 합니다(엡 1:17; 3:17-19; 호 6:3). 거듭나기 전에는 하나님을 아는 지식에 무관심합니다. 거듭나면 하나님을 알고 싶어 합니다. 거듭나기 전에는 성경이 무슨 말을 하는지 도무지 이해하기 어렵지만, 거듭나고 나면 하나님의 말씀을 좀 더 잘 이해하게 됩니다. 거듭남 가운데 내주하시는 성령 하나님이 성경의 저자이시기에 듣고 읽는 성경을 더 잘 이해하게 도우십니다. 그렇다고 에스겔서나 요한계시록 같은 어려운 책들도 쉽게 이해한다는 말은 아닙니다.[6] 나아가 하나님의 말씀을 더욱 사모하게 됩니다. 듣고 싶고, 읽고 싶습니다. 하나님의 말씀을 듣고 읽는 것을 즐겨합니다. 설교를 즐겨 듣고, 성경을 기쁘게 읽습니다.

9) 하나님의 영적인 일에 대해 좀 더 잘 이해하고 깨닫게 됩니다. 거듭나기 전에는 영적인 일과 진리에 대해 어둡고 무지했다면, 거듭나고 나면 하나님의 일을 이해할 수 있게 됩니다(고전 2:12, 14-16; 고후 4:4, 6; 골 3:10). 하나님의 뜻에 대해 영적으로 민감하게 되고, 하나님을 기쁘시게 하기 위해 자신의 삶의 스타일을 변화시킵니다. 거듭나고 회심하기 전에는 온통 세상에 관심 있었지만, 이제는 자신의 영혼을 생각하고 하나님의 이름과 나라와 영광을 생각합니다.[7]

10) 세상적인 일에 흥미를 잃게 됩니다. 거듭나기 전에는 세

상 것이 즐거웠습니다. 세상 일이 기쁨을 주었습니다. 요한일서는 "이 세상이나 세상에 있는 것들을 사랑하지 말라 누구든지 세상을 사랑하면 아버지의 사랑이 그 안에 있지 아니하니 이는 세상에 있는 모든 것이 육신의 정욕과 안목의 정욕과 이생의 자랑이니 다 아버지께로부터 온 것이 아니요 세상으로부터 온 것이라"(요일 2:15-16)고 말씀합니다. 그러나 거듭나고 회심한 후에는 세상 즐거움을 버리게 됩니다. 세상의 길이 헛되고 무익하며 그 종국이 죽음과 멸망인 것을 잘 압니다. 세상 사람들의 인정과 칭찬을 기대하기보다 하나님의 칭찬을 바라봅니다.[8] 요한일서는 "무릇 하나님께로부터 난 자마다 세상을 이기느니라 세상을 이기는 승리는 이것이니 우리의 믿음이니라"(요일 5:4)고 말씀합니다.

11) 하나님을 사랑하게 됩니다. 거듭나기 전에는 자기 자신을 사랑했습니다. 자기가 세상의 전부였습니다. 자기 자신의 정욕과 유익을 위해 살았습니다. 하지만 거듭난 후에는 하나님을 사랑하게 됩니다. 자기사랑으로 가득하던 불길이 사그라들고, 그 대신 영적이고도 신적인 불길이 타오릅니다. 자기 자신에게 모든 영광을 돌리고 자기 자신을 즐거워하던 사람이 하나님께 영광을 돌리고 하나님을 즐거워하며 하나님을 기쁘시게 합니다. 자신의 이름과 명성을 좇기보다는 하나님께 영

광을 돌리는 삶을 살게 됩니다.⁹

12) 예배드림을 기뻐합니다. 거듭나기 전에는 예배가 싫습니다. 예배하러 가는 것이 싫고 귀찮습니다. 예배 시간만 되면 불편합니다. 거듭나서 회심한 사람은 예배를 기뻐합니다. 예배드림을 억지로가 아니라 자발적으로 합니다. 비록 현란한 연주가 없고, 뜨거운 찬양 시간이 없어도 참된 회심자는 예배를 즐거워합니다. 예배를 받으시는 하나님이 기뻐하실 일이라고 생각하기 때문입니다.

13) 기도하는 삶을 살게 됩니다. 거듭나서 회심한 사람은 기도하는 사람입니다. 거듭난 사람은 기도를 등한히 하지 않습니다. 기도를 통해 하나님의 뜻을 묻고, 기도를 통해 자신을 돌아봅니다. "주께서 이르시되 일어나 직가라 하는 거리로 가서 유다의 집에서 다소 사람 사울이라 하는 사람을 찾으라 그가 기도하는 중이니라"(행 9:11)는 말씀을 보면, 회심한 직후의 사울(바울)은 기도하는 사람이었습니다. 살아 있는 사람이 숨을 쉬듯, 참으로 거듭나 회심한 사람은 기도합니다. 기도는 새로 태어난 영혼의 자연스러운 울음입니다.¹⁰

14) 삼위일체 하나님이 세우신 교회를 향한 사랑과 섬김의 열망이 있습니다. 거듭나서 회심한 사람은 교회를 사랑합니다. 그리스도의 몸된 교회를 섬기기를 기뻐합니다.

15) 함께 성도된 지체들과의 사귐에 힘쓰려는 마음이 있습니다. 거듭난 사람은 자기와 마찬가지로 거듭난 사람과 함께 교제하기를 즐겨합니다. 함께 말씀을 나누고, 구원의 기쁨, 장래의 소망을 나누고 누리기를 기뻐합니다(행 2:42-46).

> 우리는 형제를 사랑함으로 사망에서 옮겨 생명으로 들어간 줄을 알거니와 사랑하지 아니하는 자는 사망에 머물러 있느니라(요일 3:14).

> 사랑하는 자들아 우리가 서로 사랑하자 사랑은 하나님께 속한 것이니 사랑하는 자마다 하나님으로부터 나서 하나님을 알고 사랑하지 아니하는 자는 하나님을 알지 못하나니 이는 하나님은 사랑이심이라(요일 4:7-8).

> 하나님이 우리를 사랑하시는 사랑을 우리가 알고 믿었노니 하나님은 사랑이시라 사랑 안에 거하는 자는 하나님 안에 거하고 하나님도 그의 안에 거하시느니라(요일 4:16).

하나님으로부터 난 사람은 함께 거듭난 사람과의 사귐에 힘씁니다. 다른 그리스도인과의 사귐을 꺼려하고, 성도 간의 교제의 필요성도 느끼지 못하고, 하나님이 행하신 일들에 관하여 나누기를 기뻐하지 않는다면 아직 회심하지 않았을 가능성이 큽니다.

16) 죄로 인해 받을 하나님의 진노와 형벌의 무서움을 바르게 알고, 거듭남으로 인하여 얻게 된 구원과 그로 말미암아 누리게 될 영생에 대한 소망으로 위로를 누립니다. 거듭나서 회심한 사람은 죄에 대해 진노하시는 하나님 앞에 두렵고 경외하는 마음을 갖습니다. 그러면서도 여호와를 향한 소망을 갖습니다(시 146:5; 렘 17:7; 살전 5:8; 벧전 1:3).[11]

17) 삶의 태도와 방향이 바뀝니다. 거듭나기 전에는 무기력했고, 죄와 악을 좇아 살았지만 거듭나 회심한 이후에는 삶의 태도와 방향이 바뀝니다. 거듭난 결과 기질(혹은 성향, disposition)이 변하고, 새로운 삶의 습관이 형성됩니다.[12] 하나님의 계명을 지키려고 합니다. 하나님이 주신 율법의 말씀을 지키려는 의지가 강하게 작용하고, 지킬 수 있는 힘도 부여받습니다. 요한일서는 "너희가 그가 의로우신 줄을 알면 의를 행하는 자마다 그에게서 난 줄을 알리라"(요일2:29)고 말씀합니다.

18) 마음이 열정적이고 생동감 있습니다. 거듭나서 회심한 사람은 믿음에 관계된 일에 대해 생각과 말과 감정에 큰 변화가 일어납니다. 은혜를 향한 갈망과 간절하고 진지한 기도, 회

개와 돌이킴의 눈물이 있습니다.[13] 조나단 에드워즈는 이를 신앙 감정(religious affections)이라고 표현했습니다. 바울은 회심한 이후 교회의 유익과 번영에 대한 강한 열정에 사로잡혔습니다. 그 열정은 그의 마음속에서 계속 불타올랐고, 다른 사람들을 가르치고 권면하며 경고하고 경책할 때 위대한 힘의 근원이 되었습니다.[14]

19) 성령의 사람이 됩니다. 거듭난 사람은 성령 안에 있으며 성령 안에서 살고(롬 8:9; 갈 5:25), 성령을 따라 행하며(롬 8:4), 성령의 일을 생각하며(롬 8:5), 성령 안에서 기도하고(롬 8:29), 성령 안에서 기뻐하며(롬 14:17), 성령의 법 아래 살고(롬 8:2), 성령의 인도를 받으며(롬 8:14; 갈 5:18), 성령을 통해 자신들의 양자 됨, 하나님의 사랑, 하나님과의 화평, 미래의 영광을 확신하게 됩니다.[15]

지금까지 회심의 표지를 살펴보았습니다. 위에 열거된 표지들은 한 가지만 아니라 여러 가지가 조화롭고 유기적으로 드러날 때 진실된 증거가 됩니다.[16] 때로는 한두 가지가 부족할 수는 있습니다. 때로는 한두 가지가 두드러질 수 있습니다. 그럼에도 불구하고 분명한 것은 위의 표지들이 있어야 참으로 거듭난 사람이라는 것입니다.

회심의 표지가 있어도 거듭나지 않은 경우도 있다

회심의 표지들이 있다고 해서 무조건 거듭난 것은 아닙니다. 마귀는 많은 가짜 회심을 날조해서 마치 진짜 회심한 것처럼 착각하게 만듭니다.[17] 그러므로 우리는 잘 분별해야 합니다.

1) 거듭나지 않은 사람 중에도 자신이 죄인이라고 여기는 사람들이 있습니다. 양심과 도덕의 기준이 높아서 자신이 죄인이라고 생각하는 사람도 있습니다. 교도소에 가면 자신이 죄인이라고 여기는 사람들이 많습니다. 그러나 그런 사람이 다 거듭난 것은 아닙니다. 자신의 죄를 하나님의 거룩과 공의에 비추어 볼 수 있는 사람이 진정한 회심자입니다.

2) 거듭나지 않은 사람 중에도 삼위일체 하나님과 그분의 말씀을 알고 싶어 하는 사람들이 있습니다. 거듭나지 않은 사람도 신학과 신앙에 관심을 갖고 유창하게 말할 수 있습니다. 지적인 호기심과 종교적 갈증 때문에 관심을 가진 이들이 있습니다. 영적인 일에 관심이 있어서 성경과 경건서적을 탐독하는 사람 중에 거듭나지 않은 사람이 있습니다. 하나님과 그분에게 속한 일을 방해하고 싶어서 연구하는 사람들도 있습니다. 이단 중에도 하나님과 성경을 깊이 연구하는 사람들이 있습니다. 그런 사람이 다 거듭난 것은 아닙니다.[18]

3) 거듭나지 않은 사람 중에도 예배드리기를 즐겨하는 사람들이 있습니다. 거듭나지 않은 사람 중에도 교회생활에 열심을 내는 사람들이 있습니다. 찬양대의 찬양을 감상(?)하는 게 좋아서 예배에 열심을 내는 사람이 있습니다. 예배 시간의 분위기가 좋아서 예배를 기다리는 사람들이 있습니다. 사람들 앞에서 찬양팀으로 서는 것이 좋아서 예배 시간을 기다리는 사람이 있습니다. 교회 가서 만나게 될 사람들이 좋아서 예배 시간을 기다리는 사람이 있습니다. 봉사활동을 하고 임원을 맡는 일이 좋아서 교회생활에 열심을 내는 사람이 있습니다. 자신의 말솜씨와 리더십을 뽐내기 위해서 교회생활에 열심을 내는 사람이 있습니다. 거짓된 신앙을 가진 사람들도 신앙적인 일들에 대해 외적으로 많은 열심을 내며 행할 수 있습니다. 종교적 삶과 행위와 이벤트에 관심을 가진다고 해서 다 거듭난 것은 아닙니다.[19] 사람들에게 인정받는 것이 즐겁거나 자기를 과시하는 일이 즐거워서 그렇게 하는 경우가 충분히 있습니다. 바리새인들이 대표적이지요. 그들은 사람들에게 보이려고 종교생활을 했습니다(마 6:5; 23:5; 눅 18:9-14).

4) 거듭나지 않은 사람 중에도 성도의 교제에 힘쓰는 사람들이 있습니다. 사람과의 만남이 즐거워서, 웃고 즐기는 것이 좋아서, 공동체에 속해 있는 것이 좋아서, 또래 그룹에서의 활

동이 좋아서 이 일에 힘쓰는 사람들 중에는 거듭나지 않은 사람이 있습니다.[20] 학생부 시절 열심히 임원 활동도 하고 문학의 밤에도 참여했던 사람들 중에 성인이 되어서는 교회를 오랫동안 등진 경우 그런 사람들이 많습니다.

5) 착한 삶을 산다고 다 거듭난 것은 아닙니다. 바리새인의 의, 회심하기 전의 바울을 보면 알 수 있습니다. 회심하기 전 바울은 율법의 의로는 흠이 없는 사람이었습니다(빌 3:6). 거듭나지 않은 사람 중에 일반적으로 보기에 착한 일을 하는 사람들이 많이 있습니다. 거듭나지 않고도 봉사활동을 하며, 교회개혁과 사회개혁에 힘쓰는 사람들이 있습니다.

표지의 올바른 사용

위의 표지들은 다른 사람이 거듭났는지 아닌지, 다른 사람이 구원받았는지 못받았는지를 판단하고 정죄하는 데 사용해서는 안 됩니다. 자기 자신의 거듭남과 회심을 점검하는 데 사용해야 합니다. 거듭남은 그 결과를 판단하기가 쉬운 일은 아닙니다. 하지만 반드시 변화를 일으킵니다. 또한 그 변화는 사람이 경험할 수 있으므로 자기가 거듭났는지를 확증할 수 있습니다.[21] 고린도후서 13:5는 "너희는 믿음 안에 있는가 너희 자신을 시험하고 너희 자신을 확증하라 예수 그리스도께서 너희 안에 계신 줄을 너희가 스스로 알지 못하느냐 그렇지 않으면 너희는 버림받은 자니라"고 말씀했습니다.

예외적으로 복음을 증거하는 설교자와 교회를 다스리는 장로, 그 외에 교회에서 가르치는 직무를 맡은 분들은 판단과 정죄를 위해서가 아니라 그들의 구원, 교인가입, 세례문답과 성찬참여 허락을 위해 위의 표지들을 사용할 수 있습니다. 위 표지에 근거해서 자신이 목양하는 회중 가운데 거듭나지 않은 사람이 있다면, 복음을 전하고 가르쳐야 합니다.

7. 거듭남에 대한 잘못된 생각들
중생에 대한 오해

지금까지 거듭남에 대한 내용을 자세히 다뤘습니다. 이를 위해 성경, 그리고 이 교리를 잘 정리한 신앙고백서와 요리문답을 살폈습니다. 거듭남의 교리는 신비롭고 오묘하지만, 성경이 분명하고 확실하게 가르치고 있습니다.

성경에 관한 모든 교훈들이 그렇듯, 거듭남을 오해하는 사람들이 있습니다. 교회 역사 속에 수많은 오해와 거짓 가르침들이 나타났다 사라졌습니다. 사라졌던 것이 다시 반복해서 등장했습니다. 지금도 그러한 거짓에 빠지거나 속는 분들이 많습니다. 이 장에서는 거듭남에 대한 몇 가지 오해들을 설명하고, 그 오해가 얼마나 잘못되었는지 지적하려 합니다.

거듭날 필요가 없다?

기독교회 바깥에 있는 분들은 당연히 거듭날 필요가 없다고 생각할 것입니다. 그런데 기독교회 안에도 그렇게 생각하는 분들이 있었습니다. 펠라기우스주의자입니다.

영국의 수도승이었던 펠라기우스(?-418)는, 아담은 본래 선하지도 악하지도 않은 상태로 창조되었으며 타락 이후에 모든 사람은 선을 행할 수 있는 본성적 능력을 부여받았기 때문에 오늘날 모든 사람들은 도덕적으로 중립 상태로 태어난다고 보았습니다. 그래서 모든 사람은 하나님의 특별한 도우심 없이도 죄를 짓지 않을 수 있고, 하나님의 계명을 지킬 수 있다고 주장했습니다. 펠라기우스의 제자 코엘레스티우스(?-431)는 사람이 하나님의 계명을 지키고 자신이 원하기만 하면 충분히 죄 없이 살 수 있다고 주장했습니다. 이들의 주장을 추종하는 사람들을 펠라기우스주의자라고 합니다.

그들은 원죄도 부인하고 그 죄의 전가도 부인하며, 죄를 짓는 것은 모방하는 것에 불과하다고 봅니다. 어떤 아이가 죄를 보지 않았다면 그 아이는 죄 없이도 평생 자랄 수 있으며, 육체적 죽음은 죄의 형벌이 아니라 자연적 현상이라고 봅니다.[1] 그러므로 그들은 거듭날 필요가 없다고 주장합니다.

하지만 그들의 생각은 성경적이지 않습니다. 사람은 누구든지 죄인이며, 거듭나야만 하나님 나라를 볼 수 있습니다. 펠라기우스주의는 418년 5월 1일, 카르타고 공의회에서 이단으로 정죄되었습니다. 우리는 펠라기우스주의자의 오해를 배격합니다(벨기에 신앙고백서 15조; 도르트 신조 셋째 넷째 교리 2항; 웨스트민스터 신앙고백서 6장). 그래서 이 책의 첫 장을 "왜 거듭나야 합니까?"라는 제목으로 시작했습니다. 우리는 원죄와 자범죄를 인정하고, 사람의 전적 부패를 믿습니다.

사람이 관여할 수 있다?

거듭남은 전적으로 하나님의 일입니다. 사람의 동의에 달려 있지 않습니다. 사람이 거듭나게 할 수 없고, 거듭남을 막을 수 없습니다. 회심에는 우리의 협력이 필요하지만, 거듭나는 일은 하나님의 단독 사역입니다. 그러나 이런 생각을 부정하는 사람들이 있습니다. 반(半)펠라기우스주의자(Semi-Pelagian), 그리고 아르미니우스주의자(Arminian)라고도 부르는 17세기 초 네덜란드의 아르미니우스(1560-1609)와 그의 추종자들인 항론파(Remonstrants)입니다.[2]

이런 생각은 성경적이지 않습니다. 사람은 거듭남의 역사에 어떠한 기여도 할 수 없고, 거듭남의 역사를 절대 거절할 수 없습니다. 반펠라기우스주의는 529년 제2차 오렌지 공의회에서 이단으로 규정되었습니다. 아르미니우스주의는 1618-19년 도르트에서 열린 회의에서 정죄되었고, 도르트 신조는 '불가항력적 은혜'(Irresistible Grace)를 강조했습니다.

안타깝게도 이런 주장이 재차 등장했습니다. 미국의 2차 부흥운동을 이끈 찰스 피니(1792-1875)는 거듭남에 있어서 하나님과 사람 모두 능동적인 역할을 한다고 주장했습니다. 그는 그리스도인이 되기 전에도 하나님께 순종하며 거듭남에 관여할 수 있다고 보았습니다. 우리는 반(半)펠라기우스주의자와 아르미니우스주의자의 오해를 배격합니다. 이 책의 2장, 3장, 4장에서는 성령님의 주권과 사람의 무능력함을 강조했습니다. 우리는 하나님의 절대 주권에 의한 거듭남을 믿습니다.

세례를 받으면 거듭난다?

어떤 사람들은 세례를 받으면 거듭난다고 주장합니다. 세례를 받지 않고 죽는 사람은 구원에서 제외된다고 말합니다. 이를 세례 중생론(baptismal regeneration theory)이라 하며, 로마가톨릭이 이 주장을 따릅니다. 로마가톨릭의 대표적인 공의회인 트렌트 공의회(1545-1563)는 거듭남이 세례식과 더불어 시작된다고 선언했습니다. 제2차 바티칸 공의회(1963-1965)는 구원을 위해서 믿음과 세례가 필요하다고 주장했습니다. 로마가톨릭만 아닙니다. 영국 국교회(Church of England)는 「39개조 신앙고백서」(1563) 제27조에서 "세례는 신앙고백의 표요, 그리스도인을 비그리스도인과 구별시켜 주는 표시일 뿐만 아니라 거듭남, 즉 새로운 탄생의 표이기도 하다. 그러므로 세례 받는 이들은 세례를 통해 마치 접붙이기 하듯이 교회에 연합된다"라고 고백합니다.

과거에는 유아들이 일찍 죽는 경우가 많아서 로마가톨릭은 이러한 믿음에 기초해서 태어나자마자 세례를 베풀었습니다. 이러한 세례를 '쿠암프리뭄'(quamprimum)이라고 합니다. '가능한 한 빨리'(As soon as possible)라는 뜻의 라틴어입니다.[3] 오늘날에도 죽을 위험에 있거나 죽음을 앞둔 유아에게는 사제나 부제가 없어도 신자나 합당한 의향을 가진 사람이라면 누구나 세례를 베풀 수 있다고 봅니다. 이를 위해서 모든 평신도가 세례 베푸는 방법을 익혀 두어야 할 정도입니다.[4]

로마가톨릭의 이러한 생각은 요한복음 3:5에 대한 잘못된 해석에 기초합니다. 요한복음 3:5는 "예수께서 대답하시되 진실로 진실로 네게 이르노니 사람이 물과 성령으로 나지 아니하면 하나님의 나라에 들어갈 수 없느니라"고 말씀합니다. 로마가톨릭은 여기에서의 '물'을 '물세례'로 이해합니다.

'물'이 무엇인지에 대해 여러 주장이 있습니다.[5] 대표적인 견해를 둘로 압축해 보면 하나는 물세례, 또 하나는 씻음입니다. 이 중에서 예수님의 의도는 씻음을 상징한다고 보는 것이 정설입니다(칼뱅, 마스트리히트, J. C. 라일, 스테판 차녹, 바빙크 등).

헬라어를 보면 '물과 성령으로'는 관사 없이 하나의 전치사 '엑스'로 묶여 있고, and에 해당하는 접속사 '카이'는 설명의 기능이 있습니다. 히브리인들이 즐겨 사용하는 중언법(重言法)에 해당합니다. 그래서 이 표현은 하나가 다른 하나를 수식하고 설명하는 관계입니다. 물이 성령을 설명하고, 성령이 물을 설명하는 관계입니다. 물은 상징이고 성령은 실체입니다. 따라서 물과 성령으로 거듭난다는 말은 '물과 같이 씻음의 기능을 가진 성령'을 통해 하나님을 향하여 새롭게 출생한다는 뜻입니다. 니고데모는 물을 '죄의 오염으로부터 깨끗케 씻는다는 상징'으로 보는 구약 어법(출 29:4; 30:17-21; 레 14:8-9, 52; 민 19:17-19; 왕하 5:10; 시 51:2-3; 슥 13:1)에 친숙했을 것입니다. 더구나 물의 깨끗케 하는 기능과 성령의 새롭게 하는 능력은 에스겔 36:25-27의 새 언약에 대한 예언에도 등장합니다. 에스겔 36:25는 "맑은 물을 너희에게 뿌려서 너희로 정결하게 하되"라고 말씀합니다.

예수님은 이 점을 고려해서 "물과 성령으로"라고 말씀하신 것입니다. '성령으로'라고만 하지 않으시고, '물과 성령으로'라고 하신 것은 성령이 가진 능력 중에 '씻음'을 강조하시기 위함입니다. '물과 성령으로'라는 표현을 통해 거듭남이란 죄를 씻어 정결케 되고 영적으로 새로워진다는 의미가 있음을 가르쳐 주셨습니다. 디도서 3:5에서도 "중생의 씻음과 성령의 새롭게 하심"이라고 해서 성령의 씻음을 강조합니다. 거듭남은 세례의 결과가 아니라 맑은 물로 더러움을 씻듯이 씻어내는 성령의 사역의 결과입니다.[6]

세례 중생론은 성경적이지도 상식적이지도 않습니다.[7] 세례만으로 거듭나게 할 수 없습니다. 유아세례를 받았다고 해서 거듭나는 것이 아닙니다. 수세자도 거듭남과 회심의 과정을 거쳐야 합니다. 의식적으로 자신의 마음을 그리스도께 드리고, 자신의 삶을 그리스도를 섬기는 데 바쳐야 합니다.[8]

세례를 받은 사람 중에도 거듭나지 않은 사람이 있습니다. 마술사 시몬입니다(행 8:21-23). 세례를 받지 않은 사람 중에도 거듭난 사람이 있습니다. 십자가에 달린 한편 강도입니다(눅

23:40-42). "할례나 무할례가 아무 것도 아니로되 오직 새로 지으심을 받는 것만이 중요하니라"(갈 6:15)라는 말씀에서 '새로 지으심을 받는 것', 그것이 바로 거듭남입니다. 세례 중생론이 사실이라면 굳이 전도할 필요가 없습니다. 아무에게나 세례를 베풀기만 하면 됩니다. 전도 대신 세례를 베풀기 위해 애써야 할 것입니다. 이와 관련해서 웨스트민스터 신앙고백서 제28장 제5절은 다음과 같이 고백합니다.

> 비록 이 예식을 멸시하거나 무시하는 것은 큰 죄지만(눅 7:30; 출 4:24-26), 은혜와 구원이 세례에 불가분하게 결합된 것은 아니므로, <u>세례 없이 거듭나거나 구원받는 사람이 없는 것은 아니며</u>(롬 4:11; 행 10:2, 4, 22, 31, 45, 47) <u>세례를 받은 모든 사람이 의심할 여지없이 거듭나는 것은 아니다</u>(행 8:13, 23).

거듭남의 원리를 깨닫기만 하면 된다?

거듭남의 교리가 중요하지만, 그것만 강조하면 문제가 됩니다. 국내에 그런 이단이 있는데 바로 구원파입니다.[9] 기본적으로 구원파는 거듭나기 위해서 거듭남의 원리를 깨닫기만 하면

된다고 가르칩니다. 이것을 '깨달음 교리'라고 합니다.[10]

이들의 주장은 비성경적입니다. 거듭남과 회심은 깨달음만 있다고 되는 것이 아닙니다. 깨달을 뿐만 아니라 하나님께로 돌이켜야 합니다. 믿고 회개해야 합니다. 거듭남은 깨달음에서 끝나지 않고 감정과 의지의 변화를 일으킵니다. 즉 전인격적 변화입니다. 깨달음은 물론이고 동의, 신뢰와 확신이 동반되어야 합니다. 삶의 변화로 이어져야 합니다.

믿음이 단순히 지식에만 해당한다는 주장을 샌디먼주의(Sandemanianism)라고 합니다. 1720년경 스코틀랜드 장로교회 목사인 존 글라스(1695-1773)가 창시했습니다. 그래서 글라사이트(Glasite)라고도 하는데, 주로 그의 사위 로버트 샌디먼(1718-1781)의 이름을 붙여 샌디먼주의라고 부릅니다. 그는 믿음이 단순한 지식적인 동의라고 가르쳤습니다. 감정은 중요하지 않고 교리를 지식적으로 인정하고 믿는 일이 믿음의 전부라고 주장했습니다.[11]

언제 거듭났는지를 알아야 한다?

"당신이 언제 거듭났는지 알고 계십니까? 왜 모르십니까? 당신의 육체적 생일을 알 듯, 영적 생일을 알아야 합니다." 구원파가 전도할 때 주로 사용하는 말입니다. 그들은 주로 기존신자에게 접근해서 이렇게 묻습니다. 그들은 거듭난 날짜가 있어야 한다고 주장하며,[12] 구원받은 날, 죄 사함 받은 날, 거듭난 날을 알아야 구원받은 자요, 알지 못하거나 기억을 잘 못해서 머뭇거리면 구원받지 못했다고 단정하기도 합니다.[13]

하지만 이들의 주장은 비성경적입니다. 언제 거듭났는지 알 수 없습니다. 거듭남은 우리의 의식에서 나타나는 현상이 아닙니다. 중생은 초자연적인 일로서 우리가 굳이 날짜와 시간을 알 필요가 없습니다. 예수님은 "바람이 임의로 불매 네가 그 소리는 들어도 어디서 와서 어디로 가는지 알지 못하나니 성령으로 난 사람도 다 그러하니라"(요 3:8)고 말씀하셨습니다. 우리 신체가 성장했다는 것은 분간할 수 있지만, 태아가 모태의 자궁에 언제 들어섰는지, 언제 키가 자라고 언제 성장했는지 그 정확한 시간을 분초 단위로 아는 것은 불가능한 일입니다. 거듭남의 시간을 아는 것도 마찬가지입니다.[14]

구원파가 말하는 거듭남이 회심이라 하더라도 마찬가지입니다. 회심의 경우 우리의 의식 속에서 일어나기 때문에 그 시점을 알 수 있지만 모를 수도 있습니다. 특히 어려서부터 교회에서 자란 사람이나 오랫동안 교회에 출석하면서 점차 복음을 이해한 사람의 경우 완악한 죄인에서 거룩한 성도로의 변화는 극적이지 않을 수 있습니다.[15] 회심의 시점이나 기억이 중요하지 않습니다. 회심의 기억이 있다 할지라도 그것이 하나님과의 참된 사랑으로 나타나지 않는다면 진정한 거듭남에서 비롯된 회심이 아닙니다. 마찬가지로 비록 회심의 기억이 분명하지 않더라도 참된 회심의 증거가 있을 때 회심의 불분명한 기억에도 불구하고 그는 거듭난 사람입니다.[16]

거듭난 사람은 죄를 짓지 않는다?

거듭난 사람도 죄를 짓습니다. 이 세상에 죄를 짓지 않는 사람은 아무도 없습니다. 하지만 구원파는 죄 사함을 받은 후에는 죄 씻음을 받았고 의인이 되었기 때문에 죄를 안 짓든지 아니면 죄를 지어도 죄가 아니라고 주장합니다.[17] 성경을 보면 구원파의 주장이 일리 있어 보이기도 합니다.

> 하나님께로부터 난 자마다 죄를 짓지 아니하나니 이는 하나님의 씨가 그의 속에 거함이요 그도 범죄하지 못하는 것은 하나님께로부터 났음이라(요일 3:9).

하나님께로부터 난 자는 다 범죄하지 아니하는 줄을 우리가 아노라 하나님께로부터 나신 자가 그를 지키시매 악한 자가 그를 만지지도 못하느니라(요일 5:18).

앞에서 회심의 표지를 언급하면서 위 구절들을 인용했습니다. 이 부분은 오해하기 쉬운데, 거듭난 사람은 위와 같은 특징이 지속적으로 나타납니다. 하지만 항상 그런 것은 아닙니다. 여전히 죄의 본성이 남아 있어서 죄를 짓기도 합니다(롬 7:21-25; 갈 5:17; 웨스트민스터 신앙고백서 6장 5절). 거듭난 사람은 죄를 전혀 짓지 않는 것이 아니라 습관적이고 반복적인 죄를 거의 짓지 않습니다. 그래서 저는 앞에서 회심의 표지로 "죄를 짓지 않습니다"라고 하지 않고, "죄를 짓지 않으려고 하는 성향이 생깁니다"라고 했습니다.

거듭났다고 해서 타락한 본성 자체가 사라지는 것이 아닙니다. 완전히 흠 없는 상태로 변화되는 것이 아닙니다. 거듭남은 구원의 시작이지, 완성은 아닙니다. 거듭난 사람도 여전히 마음, 생각, 말, 행동으로 죄를 짓습니다. 때로는 심각한 죄에 빠지기도 합니다. 거듭난 사람은 분명 새롭게 된 사람이지만 여전히 불완전합니다. 거듭난 신자의 성화는 이 세상에서 완전할 수 없습니다.[18] 이미 거룩해졌지만, 계속해서 거룩해져야 합니다. 죄의 권세로부터 자유를 얻었지만, 죄의 부패로부터 건짐 받았지만, 신자의 마음과 삶에는 여전히 죄가 남아 있기 때문입니다. 죄의 절대적 지배로부터는 벗어났지만, 죄의 상대적 지배는 여전하기 때문입니다.[19]

오히려 요한일서 1:8은 "만일 우리가 죄가 없다고 말하면 스스로 속이고 또 진리가 우리 속에 있지 아니할 것이요"라고 말씀합니다. 사도 바울은 회심한 지 십수 년이 지난 후에도 "죄인 중에 내가 괴수니라"(딤전 1:15)라고 말했습니다.

거듭난 사람은 회개하지 않는다?

구원파는 거듭난 사람은 회개할 필요가 없다고 주장합니다. 만약 어떤 사람이 "저는 죄인입니다. 하나님!" 하면서 눈물 흘리며 회개기도를 하고 있으면 그 사람은 아직 거듭나지 않았다고 보며,[20] 회개는 일평생 단 한번만 하면 된다고 봅니다. 심지어 주기도문으로 기도하지 않습니다. "우리가 우리에게 죄지은 자를 사하여 준 것 같이 우리 죄를 사하여 주시옵고"라는 부분 때문입니다.[21] 그래서 그들은 기성교인에게 "당신은 지금 죄인입니까? 의인입니까?"라고 질문하면서 접근합니다.

하지만 그것은 거짓 가르침입니다. 거듭남은 반드시 회개로 이어지며, 회개는 회심 때만 아니라 신자의 삶 전체에서 지속적으로 이뤄지는 성령 하나님의 은혜입니다. 종교개혁자 마르틴 루터는 신자를 가리켜 "의인이지만 동시에 죄인이다"(simul iustus et peccator)라고 했습니다. 신자는 구원받기 위해서 회개하는 것이 아니라 이미 구원받았기에 성령님의 은혜로 말미암아 날마다 회개하는 사람입니다.

결단주의의 오해

성경에는 갑작스러운 회심 이야기가 많습니다. 십자가에 못 박힌 한편 강도도, 빌립보 감옥의 간수도, 사도 바울도 그러합니다. 그들의 회심 이야기는 우리에게 자극을 줍니다. 그러나 이러한 사례들은 보편적인 것이 아닙니다. 신약성경은 이미 잘 알려진 것들만 기록합니다. 사도행전 또한 사도들의 교회설립 역사를 기록하다 보니 점진적 회심에 대한 예를 잘 제시하지 않습니다.[22] 점진적인 회심은 다른 사람들에게 충분히 알릴 필요가 없어서 기록으로 남기지 않았으리라 추측됩니다.

그래서인지 비교적 최근에서야 거듭남과 회심의 결단을 즉 각적으로 받아내기 위한 전도법들이 고안되었습니다. 전도 집회의 마지막 순서를 장식하는 강단초청(altar call), 수많은 전도 방식에서 활용되었고 전도 소책자의 마지막 순서에 해당하는 영접기도(salvation prayer) 등이 대표적인 예입니다.

이런 방식들을 '결단주의'(decisionism)라고 하는데, 거듭남과 회심을 잘못 이해한 데서 생긴 오해입니다.[23]

강단초청은 구도자들이 많이 있는 자리에서 전도설교를 한 뒤 마지막 부분에 "지금 이 시간 예수님을 믿기로 결단(작정)하시는 분들은 앞으로 나오시기(그 자리에서 일어나시기) 바랍니다"라는 식으로 회심을 촉구하는 방식입니다. 영접기도는 복음의 핵심을 전한 뒤 "예수님을 영접하겠습니까? 그렇다면, '지금 예수님을 내 마음에 모시기로 작정합니다'라고 기도하십시오"라고 기도하게 한 뒤, "축하합니다. 당신은 이제 구원받았습니다"라고 환영해 주는 전도법입니다.

이런 방식은 이전에 없던 방식으로 1830년대 이후에 나타났습니다. 거듭남에 사람이 어느 정도 관여할 수 있다고 보았던 찰스 피니를 통해 시작된 방식입니다.[24]

강단초청과 영접기도는 그것을 하는 사람의 의도와 상관없이 거듭남과 믿음이 우리의 결단에 따라 된다는 착각을 갖게 만듭니다. 인간의 순간적인 결단이 그의 거듭남과 회심을 결정하는 것처럼 착각하게 만듭니다. 회개 없이 사람의 순간적 반응만으로 구원이 가능하다고 착각하게 만듭니다. 그것도 처음 복음을 들었을 때부터 말이죠.

구도자에게 이러한 인상을 심어주는 것은 바람직하지 않습니다. 거듭남은 사람의 결단으로 되지 않습니다. 회심은 손을 들거나 기도를 따라하는 것이 아닙니다. 구원은 그런 행동을 한다고 되는 것도 아니고, 믿음을 그런 행동으로 표현할 수 있는 것도 아닙니다. 게다가 이런 방식은 한번 초청과 기도에 응한 사람이 스스로 그리스도인이라고 착각한 채로 살게 만듭니다. 결국 그들은 더 이상 복음을 들을 기회를 잃어버릴 위험까지 있습니다. 그들을 도와주려다 오히려 그들을 위험에 빠뜨립니다. 믿음은 단순한 지적 동의도 아니며 한번의 기도로 이뤄지는 것이 아닙니다.

결단주의 방식은 아사헬 네틀턴, 찰스 스펄전, 마틴 로이드 존스, 존 맥아더, R. C. 스프로울 같은 위대한 설교자들이 반대했고,[25] 탁월한 복음주의 신학자이면서 청교도 연구가인 제임스 패커는 이렇게 말했습니다.[26]

심리적 압박을 행사하여 무언가를 '결심'하게 만드는 모든 장치들을 제거해야 한다. 그것은 성령님의 영역을 침범하는 일이다.

그것이 '결심'이라는 외적인 형식은 낳을 수 있지만, 마음의 변화와 거듭남을 가져올 수는 없다. 설교자는 복음 메시지를 전달하고 그것을 적용함에 있어서 신실함만을 추구해야 하며, 자신의 방법과 능력으로 전달된 메시지를 사용하여 사람을 믿음으로 인도하는 일은 오직 하나님의 영이신 성령님께 맡겨야 한다.

교회생활을 열심히 하면 거듭났을 거라는 오해

흔히 교회생활을 열심히 하면 거듭난 신자라고 일반화합니다. 하지만 그렇지 않습니다. 교회 안에 거듭나지 않은 사람이 있습니다. 예배에 열심히 참여하고 교회봉사에 힘쓰지만 정작 거듭나지 않은 사람이 있습니다. 그런 사람을 거듭난 신자라고 단정하고, 복음 설교를 하지 않는다면 큰일입니다.

예수님에게 찾아왔던 니고데모는 바리새인이요 유대인의 지도자였습니다(요 3:1). 하지만 예수님과의 대화를 살펴보면 그는 중생하지 않았을 뿐더러 중생이 무엇인지 알지도 못했습니다(요 3:7, 10). 사람들에게 하나님의 말씀을 가르치는 직분에 있는 니고데모가 중생하지 않았고 중생에 대해 알지 못했다면, 중생이 종교생활과 반드시 일치하는 것은 아니라는 점

을 알 수 있습니다.[27]

이처럼 사람은 거듭나지 않고도 종교생활에 열심을 낼 수 있습니다. 지금도 교회 안에서 열심을 내는 이들 가운데는 거듭나지 않은 사람이 있습니다. 심지어 직분자들 가운데도 있습니다. 그런 사람들을 위해 복음은 계속해서 선포되어야 하며, 회심은 계속해서 촉구되어야 합니다.

우리 주변에는 한때 교회 생활에 열심이었지만, 지금은 복음에서 완전히 멀어진 사람들이 있습니다. 그들은 어쩌면 거듭나지 않았음에도 다른 이유로 교회생활에 열심을 내었던 것에 불과했는지 모릅니다.

닫는 글

개혁파 정통주의 시대의 뛰어난 네덜란드 신학자 페트루스 판 마스트리히트(1630-1760)는 이렇게 말했습니다.

> 말씀사역자들은 다른 사람들의 거듭남을 위해 어떻게 수고해야 합니까? 그리스도께서 니고데모에게 하신 것처럼 거듭남의 본질에 대해 가르치고, 거듭남 없이는 하나님 나라를 볼 수도 없고 그곳에 들어갈 수도 없다는 거듭남의 필요성을 심어주고, 거듭나지 않고 죽는 사람들의 말할 수 없는 비참함을 펼쳐 보이며, 진실로 거듭난 사람들의 행복한 상태를 강력하게 제시하고, 거듭남의 수단들을 지적함으로써 해야 합니다.[1]

저는 이 작은 책 속에 거듭나지 않은 사람의 상태, 거듭남의 필요성, 거듭남의 본질, 거듭남을 위한 수단, 거듭난 사람의 특징과 상태를 꾹꾹 눌러서 다 담았습니다. 다른 사람들의 거듭남을 위한 수고에 보탬이 되기 위함입니다.

당신이 설교자라면 이 책을 기초로 회중들에게 설교하십시오. 이제 막 교회당에 인도된 이들에게 전하십시오. 교회 안에 오랫동안 속해 있었으나 아직 회심하지 않은 이들에게 선포하십시오.

당신이 선교사라면 이 책을 기초로 복음을 전하십시오. 거듭남과 회심의 교리를 통해 복음을 전하십시오. 그리하여 믿고 회개하는 자에게 세례를 베푸십시오.

당신이 거듭나지 않아 회심하지 않은 사람이라면 이 책을 읽고, 또 읽으십시오. 그리고 말씀 선포의 자리, 기도의 자리로 나아가십시오.

당신이 거듭난 그리스도인이라면 믿지 않는 이웃들, 교회에 속해 있지만 아직 거듭나지 않은 친구들에게 이 책을 선물하십시오. 그러면 이 작은 책이 또 하나의 '외적 부르심'이 되어 거듭남과 회심의 역사를 일으킬지 모릅니다.

사람이 거듭나지 않으면 아무런 소망이 없습니다. 거듭나지 않으면 세상 권세도 엄청난 부도 아무 의미 없습니다. 대단

한 학력도 의미 없습니다. 아무리 교회 봉사를 열심히 해도 의미 없습니다. 찬양을 목청껏 뜨겁게 불러도 의미 없습니다. 눈물을 흠뻑 흘리며 몇 시간씩 지속하는 기도도 의미 없습니다. 거창한 교회 개혁을 부르짖더라도 거듭남에 근거한 개혁이 아니라면 의미 없습니다. 심지어 어떤 목회자가 교회를 아무리 크게 성장시켜도 거듭나지 않은 사람이라면 의미 없습니다. 예수님께서 말씀하신 것처럼, 거듭나지 않으면 하나님 나라를 볼 수 없습니다.

거듭남이라는 하나님의 강력한 역사에 이 작은 책이 도구가 되기를 원합니다. 하나님이 이 책을 수단으로 사용하여 주시기를 간절히 기도합니다.

마지막으로 한 가지만 덧붙이겠습니다.

> 또 미리 정하신 그들을 또한 부르시고 부르신 그들을 또한 의롭다 하시고 의롭다 하신 그들을 또한 영화롭게 하셨느니라(롬 8:30).

이 구절에서 부르심은 '소명과 중생', 의롭다 하심은 '칭의', 영화롭게 하심은 '성화'와 영화입니다. 청교도의 아버지 윌리엄 퍼킨스(1558-1602)에 따르면 이 구절은 구원의 삼중 황금사슬

(Threefold Golden Chains)이라 불리는 말씀입니다. 19세기 잉글랜드의 탁월한 목회자였던 존 라일은 "성경에 따르면, 기독교 신앙을 고백하며 살아가는 모든 사람의 구원에 꼭 필요한 세 가지는 중생, 칭의, 성화입니다. 하나님의 자녀에게는 이 세 가지가 모두 발견됩니다. <u>하나님의 자녀는 거듭나서 의롭다함을 받고 성화됩니다.</u> 이 세 가지 가운데 하나라도 결여된 사람은 하나님께서 보시기에 참된 그리스도인이 아닙니다"라고 했습니다.[2]

이 책은 '중생과 회심'을, 『나는 하나님 앞에서 의로울 수 있을까?』는 '칭의'를, 『성화, 이미와 아직의 은혜』는 '성화'를 다뤘습니다. 세 권의 책을 통해 구원의 황금사슬, 즉 참된 그리스도인에게 필요한 구원의 도리를 설명했습니다. 이 책들을 읽는 모든 분들이 하나님의 구원을 풍성히 누릴 수 있기를 바랍니다.

※ 이 책을 기초로 설교한 영상을 인터넷(유튜브)에서 볼 수 있습니다.
1) 거듭남의 신비 (https://youtu.be/1IexFemb_BQ)
2) 거듭남의 필요성 (https://youtu.be/S0IRiv5cIGQ)
3) 거듭남의 주체 (https://youtu.be/Tu5754f74iE)
4) 거듭남의 수단 (https://youtu.be/4orJ07P3rh0)
5) 거듭남의 결과와 증거 (https://youtu.be/2ihr46A91-Q)
6) 거듭남에 대한 잘못된 견해 (https://youtu.be/ZTN1i7Gb6ow)

거듭남 관련 추천도서

거듭남이라는 주제의 중요함에 비해, 이 주제를 알기 쉽게 설명한 책이 많지 않습니다. 그럼에도 거듭남이라는 주제에 관심을 두고 공부하려는 분들을 위해 책을 추천합니다.

『성령의 사역, 회심과 부흥』(제임스 뷰캐넌, 지평서원)
거듭남의 결과인 회심이라는 주제를 밀도있게 설명한 책입니다. 신약에 나타난 회심 사건들을 중심으로 거듭남과 회심에 대해 성경적으로 분석하고 설명합니다. 탁월한 설교자 로이드 존스는 웨스트민스터 청교도 연구회에서 행한 강연에서 이 책을 추천하기도 했습니다. 특히 이 책은 「단단한 기독교 시리즈」의 저자 중 한 분이신 신호섭 목사님이 번역하셨으며 가독성이 뛰어납니다.

『개혁주의 구원론』(앤서니 후크마, 부흥과개혁사)
이 책은 거듭남만 아니라 구원론에 관한 다른 주제들도 잘 설명하고 있습니다. 거듭남에 관한 책을 쓰면서 이 책의 6-8장으로부터 큰 도움을 받았습니다. 대부분의 신학교에서 교과서로 쓰이는 이 책은 신학을 잘 모르는 이들도 쉽게 읽을 수 있습니다. 거듭남에 대해 더 깊게 공부하시려는 분들께 추천합니다.

미주

● 여는 글

1. 이안 머리, 『로이드 존스 평전 1: 초기 40년 (1899-1939)』, 김귀탁 옮김 (부흥과개혁사, 2011), 26-27.
2. 머리, 『로이드 존스 평전 1』, 108-110.
3. 폴 헬름, 『회심, 하나님께로 돌아서다』, 손성은 옮김 (SFC, 2003), 9.
4. 앤서니 후크마, 『개혁주의 구원론』, 이용중 옮김 (부흥과개혁사, 2012), 103; 김남준, 『돌이킴』 (생명의말씀사, 2009); 켄트 필폿, 『진실로 회심했는가』, 이용복 옮김 (규장, 2009), 189-202.

● 1장

1. 사람의 처음 상태가 죽지 않는 상태였음을 성경이 직접적으로 언급하지는 않습니다. 하지만 우리는 하나님이 아담에게 "선악을 알게 하는 나무의 열매를 먹으면 반드시 죽을 것이다."라고 하신 말씀을 통해 알 수 있습니다. 만약 어차피 죽는다면, 굳이 이런 말씀을 하지 않으셨을 것입니다.

2. 아담이 죽게 되었다고 말할 때, 어떤 사람은 이런 생각을 할 수 있습니다. "아담과 하와가 죽었다는 말이 창세기 3장에 어디 나옵니까?" 물론 틀린 말이 아닙니다. 창세기 3장을 보면 남자와 여자는 죽지 않습니다. 창세기 4장에서도 남자와 여자는 죽지 않습니다. 창세기 5:5에서 비로소 죽는데, 그 나이가 "930세"입니다. 죽는다고 했는데 죽기는커녕 오히려 장수했습니다. 하지만, 그들은 그 당시에 분명 죽었습니다. 창세기 3:23-24를 보면 "여호와 하나님이 에덴동산에서 그를 내보내어 그의 근원이 된 땅을 갈게 하시니라 이같이 하나님이 그 사람을 쫓아내시고…"라고 말씀하는데, 여기에서 사람을 동산에서 쫓아내신 것이 곧 그들에게 있어서 죽음입니다. 왜냐하면, 하나님과의 관계가 끊어졌기 때문입니다. 여기에서 우리는 '죽음'이 과연 무엇인가 하는 점을 생각해야 합니다. '죽음'이라고 하면 흔히 '육체적인 죽음'만을 생각하기가 쉽습니다. 하지만, '성경이 말씀하는 죽음'이란, 육체적인 것만을 의미하지 않습니다. 숨이 붙어 있다고 해서 다 살아있는 것이 아닙니다. 참된 생명이신 하나님과의 단절이 곧 죽음입니다. 호흡이 붙어 있어도 하나님과 단절된 인생은 죽은 존재입니다. 성경이 말하는 근본적인 죽음은 존재의 소멸이 아니라 생명의 근원으로부터의 분리를 뜻합니다. 죽음이란 영혼이 하나님으로부터 분리되는 것이요, 영적인 비참함 속에 자신을 드러내는 것이며, 마침내는 영원한 죽음에 이르러 끝나는 것입니다. 죽음이란 단순히 심장과 호흡이 멈추는 육신의 죽음만을 말하는 것이 아니라 사람이 죄로 말미암아 겪게 된 모든 불행한 결과를 말합니다. 우리 영혼이 하나님으로부터 끊어지는 가장 본질적인 영적 죽음에서 시작하여 육신이 영혼으로부터 분리되어 썩어 부패하는 육적 죽음이나 태어나서 죽기까지 살아가는 우리의 삶 속에서 스며있는 모든 죄와 심판의 흔적 등 이 모든 것이 죽음의 일부입니다. 이런 점에서 아담과 하와는 분명 죽었습니다. 하나님과의 관계가 끊어짐으로 참 생명에서 멀어진 것입니다. 손재익, 『벨기에 신앙고백서 강해』(디다스코, 2019), 158-159.

3. 창세기 3:9에서 여자와 아담이 선악을 알게 하는 나무의 열매를 먹었을 때 하나님은 "여자야! 네가 어디 있느냐?"라고 하지 않으셨습니다. 오히려 "아담아!

네가 어디 있느냐?"라고 물으셨습니다. 이렇게 하나님이 '아담'을 부르셨다는 사실은 아담이 인간을 대표하며, 그의 죄가 인류 전체에 전가되는 신학적인 이유의 근거가 됩니다. 손재익, 『벨기에 신앙고백서 강해』, 166.
4. 헤르만 바빙크, 『개혁교의학』, 4권 50장 [438]; 브루스 데머리스트, 『십자가와 구원』, 이용중 옮김(부흥과개혁사, 2006), 440; 김남준, 『구원과 하나님의 계획』(부흥과개혁사, 2004), 172; 웨인 그루뎀, 『조직신학(상)』, 노진준 옮김 (은성, 1996), 751. 거듭남에 대해 다루기에 앞서 죄 문제를 상세히 다루는 것은 죄를 어떻게 보느냐 하는 문제가 거듭남을 이해하는 중요한 전제이기 때문입니다. 개혁교회나 청교도들이 구원론에 깊은 이해를 보이는 것은 죄에 대한 깊은 이해에 기초합니다. 조엘 비키, 마크 존스, 『청교도 신학』, 김귀탁 옮김 (부흥과개혁사, 2015), 247-248, 533.
5. 스테판 차녹(Stephen Charnock), 『바로 알아야 할 거듭남의 본질』, 손성은 옮김 (지평서원, 2007), 24-25, 87; 비키 & 존스, 『청교도 신학』, 249.
6. 이 외에도 6장 사람의 타락, 죄, 그에 대한 형벌에 관하여 2, 4, 5절에 잘 나와 있습니다.
7. 불교에서 말하는 중생(衆生)과는 다른 말입니다.
8. 중생(Regeneration)으로 번역되는 헬라어 팔링게네시아(παλιγγενεσία)는 성경에 단 두 번만 나옵니다(딛 3:5; 마 19:28). 하지만 이 단어의 의미가 다양한 방법으로 성경 전체에 펼쳐져 있습니다. 구약에서는 '혁신, 할례, 이스라엘 사람들의 마음을 부드럽게 함, 하나님의 율법을 마음에 기록함'으로, 신약에서는 지으심을 받은 새 사람(엡 4:24), 출생(요일 4:7), 살리심(요 5:21; 엡 2:5), 어두움에서 기이한 빛으로 불러내심(벧전 2:9), 죽은 자 가운데서 살아남(롬 6:13), 새로운 피조물이 됨(고후 5:17), 다시 태어남(요 3:3,7), 하나님의 만드신 바가 됨(엡 2:10) 등입니다. 바빙크, 『개혁교의학』, 4권 50장 [436]; 이스데반, 『이것이 중생이다』(부흥과개혁사, 2013), 19-20. 루이스 벌코프, 『조직신학(하)』, 권수경, 이상원 옮김 (크리스챤다이제스트, 2000), 441. 714.

● 2장

1. BDAG, 92. 요한복음의 다른 곳에서는 아노센(ἄνωθεν)이 '위에'라는 공간적 의미를 지니고 있습니다(요 3:31; 19:11).
2. 유해무,『개혁교의학』(크리스챤다이제스트, 1997), 445.
3. 차녹,『바로 알아야 할 거듭남의 본질』, 199; 강웅산,『구원론』(말씀과 삶, 2016), 204. 새롭다고 할 때, 새로운 형이상학적 실체를 창조하는 것이 아닙니다. 오히려 사람에게 내재된 지적, 의지적, 도덕적, 감정적, 관계적 능력을 변화시키고 소생시킵니다. 데머리스트,『십자가와 구원』, 450.
4. 강웅산,『구원론』, 204.
5. 차녹,『바로 알아야 할 거듭남의 본질』, 41.
6. 유해무,『개혁교의학』, 446. 데머리스트,『십자가와 구원』, 442. 거듭남은 신약에서 처음 계시된 것이 아니라 이미 구약에서 계시된 것입니다. 이 사실은 예수님께서 니고데모에게 '너는 이스라엘의 선생으로서 이러한 것들을 알지 못하느냐'(요 3:10)라고 꾸짖으신 일을 통해 알 수 있습니다. 황영철,『중생과 자기부인』(드림북, 2018), 24.
7. 유태화,『삼위일체론적 구원론』(대서, 2010), 205.
8. 벌코프,『조직신학 (하)』, 717-718; 토머스 보스턴,『인간 본성의 4중 상태』, 스데반 황 옮김 (부흥과개혁사, 2015), 211.
9. 중생이 순간적인지 연속적인지에 대한 논쟁이 있습니다. 찰스 스펄전이 목회했던 영국 런던 메트로폴리탄 터버너클교회의 담임목사인 피터 마스터스는 존 머레이의『구속』(Redemption: Accomplished and Applied)에 나오는 견해를 비판하면서 중생이 연속적이라고 봅니다. 피터 마스터스,『영혼의 의사』, 손성은 옮김 (부흥과개혁사, 2004), 113-130. 하지만, 이러한 그의 생각은 중생, 회심, 칭의, 성화, 구원의 확신이라는 구원의 서정 전체를 뭉뚱그려서 중생으로 보기 때문입니다. 마스터스,『영혼의 의사』, 47-69. 이안 머리 역시 그의 주장을 비판합니다. 이안 머리,『오래된 복음주의』, 송용자 옮김(부흥과개혁사, 2007), 62.

10. 이 사실로 인해 복음의 제시나 하나님을 아는 지식, 신앙고백을 소홀히 하는 것의 문제점에 대해서는 다음을 보십시오. 강웅산, 『구원론』, 156-157.

● 3장

1. 후크마, 『개혁주의 구원론』, 133.
2. 주세페 마르코 살바티, 『한 분, 삼위이신 나의 하느님: 그리스도인의 모범이신 삼위일체』, 이현미 옮김 (분도출판사, 2011), 136; 마이클 리브스, 『선하신 하나님』, 장호준 옮김 (복 있는 사람, 2015), 135-148.
3. 펠라기우스의 인간관을 상속한 18-19세기 자유주의 신학자들은 중생을 집단적인 차원에서 이해하려고 했습니다. 20세기 들어서는 해방신학자들이 집단적인 중생관을 견지했습니다. 유태화, 『삼위일체론적 구원론』, 180.
4. 손재익, 『사도신경, 12문장에 담긴 기독교 신앙』 (디다스코, 2017), 244-245.
5. 은혜가 곧 성령이요, 성령이 곧 은혜입니다. 은혜의 주입은 성령의 내주하심이고 자기 전달입니다.
6. 김남준, 『구원과 하나님의 계획』 (부흥과개혁사, 2004), 182-183.
7. 도르트 신조 셋째 넷째 교리 11항에도 비슷한 내용이 기록되어 있습니다.
8. 성경에서 부르심, 중생, 회심, 회개, 칭의, 성화 등은 엄밀하게 구분되지 않을 때가 많습니다. 그래서 초대교회에서는 중생이라는 용어가 엄밀하게 정의되지 않았습니다. 종교개혁 시대에도 중생은 회심, 성화를 모두 포함하는 개념이었습니다. 루터는 중생과 칭의의 혼동에서 완전히 벗어나지 못했습니다. 칼뱅은 중생을 우리가 전적으로 새롭게 되는 것—회심과 성화를 포함하여—을 묘사하는 것이라고 했습니다(『기독교강요』, 3권 3장). 벨기에 신앙고백서 제24조 역시 중생을 그리스도인의 새로운 삶 전체를 가리키는 것으로 이해합니다. 그러나 최근에 들어와서 개혁주의 신학자들은 좁은 의미의 중생과 넓은 의미의 중생을 구별할 필요를 느끼게 되었습니다. 다시 말해서 성령에 의해 새로운 생명이 심기워지는 것과 돌이킴을 통하여 새 생명이 처음으로 나타나게 되는 것과의 구별입니다. 바빙크, 『개혁교의학』, 3권 49장 [432], 4권 50장 [444], 4권

51장 [462]; 벌코프, 『조직신학 (하)』, 663, 715; 후크마, 『개혁주의 구원론』, 26, 136; 싱클레어 퍼거슨, 『성령』, 김재성 옮김 (IVP, 1999), 133; 손재익, 『벨기에 신앙고백서 강해』, 288. 19세기 청교도 옥타비우스 윈슬로우(Octavius Winslow, 1808-1878)는 중생을 회심, 칭의, 성화와는 구분해야 한다고 말합니다. 옥타비우스 윈슬로우, 『성령님의 구원사역』, 김효남 옮김 (지평서원, 2011), 53.

9. 후크마, 『개혁주의 구원론』, 141; 벌코프, 『조직신학 (하)』, 723; 이스데반, 『이것이 중생이다』, 96.
10. 데머리스트, 『십자가와 구원』, 330.
11. "에스겔의 환상은 가깝게는 이스라엘의 옛 땅에 대한 회복을, 멀게는 새 언약 아래에서의 성령의 중생 사역을 예언한 것이다." 데머리스트, 『십자가와 구원』, 454.
12. 보스턴, 『인간 본성의 4중 상태』, 228-229; 바빙크, 『개혁교의학』, 4권 50장 [447].

● 4장

1. Jonathan Edwards, "Born Again," *Sermons and Discourses, 1730~1733*, in The Works of Jonathan Edwards, vol. 17 (Yale University Press, 1988), 193.
2. John Owen, *A Discourse on the Holy Spirit*, in The Works of John Owen, vol. 3, Edited by William H. Goold (The Banner of Truth Trust, 1993), 204.
3. Timothy L. Smith edited, *Whitefield & Wesley on the New Birth* (Francis Asbury Press, 1986), 76, 78.
4. 노병기, 『거룩한 구원』(예영커뮤니케이션, 2007), 124.
5. 노병기, 『거룩한 구원』, 69-71.
6. 손재익, 『설교, 어떻게 들을 것인가?』 (좋은씨앗, 2018), 60.
7. 손재익, 『벨기에 신앙고백서 강해』, 287.
8. 비키 & 존스, 『청교도 신학』, 546.

9. 이와 관련해서는 다음을 보시기 바랍니다. 손재익, 『설교, 어떻게 들을 것인가?』, 46, 69-79, 86-93.
10. 바빙크, 『개혁교의학』, 4권 50장 [433], [444]; 데머리스트, 『십자가와 구원』, 326.
11. 앤드류 톰슨, 『청교도의 황태자 존 오웬』, 엄경희 옮김 (지평서원, 2006), 38-39.
12. Jonathan Edwards, "Personal Narrative," in The Works of Jonathan Edwards, vol. 16, Edited by George S. Claghorn (New Haven: Yale University Press, 1998), 792; 이안 머레이, 『조나단 에드워즈 삶과 신앙』, 전광규, 윤상문 옮김 (이레서원, 2006), 85.
13. Iain Murray, edited, C. H. Spurgeon Autobiography: The Early Years 1834-1859 (London: The Banner of Truth Trust, 1962), 87-90; 아놀드 델리모어, 『찰스 스펄전』, 전의우 옮김 (복 있는 사람, 2017), 47-52.
14. 아놀드 델리모어, 『조지 윗필드』, 오현미 옮김 (복 있는 사람, 2015), 86.
15. 박순용, 『거듭남과 십자가』 (생명의말씀사, 2015), 218; 헬름, 『회심, 하나님께로 돌아서다』, 16.
16. 벌코프, 『조직신학 (하)』, 704.
17. 손재익, 『벨기에 신앙고백서 강해』, 287. 개혁주의는 은혜의 효력이 말씀 자체에 있는 것이 아니라 성령이 말씀과 함께 역사하실 때 나타난다고 보았습니다. 이에 관한 자세한 논의로 다음을 보시기 바랍니다. 김병훈, "은혜의 방편으로서의 성경: '말씀을 통하여(per Verbum)'와 '말씀과 함께(cum Verbo),'" 『조직신학연구』, 제19권 (한국복음주의조직신학회, 2013), 116-143.
18. 후크마는 '내적 부르심'이라는 표현은 부적절하다고 보며, '효력 있는 부르심'을 선호합니다. 후크마, 『개혁주의 구원론』, 119.
19. 후크마는 효력 있는 부르심과 중생은 거의 동일한 것이라고 봅니다. 후크마, 『개혁주의 구원론』, 152. 성경에 '외적'이라는 말은 없지만, 효과적이 아닌 부르심을 명백하게 언급하고 있습니다. "또 이르시되 너희는 온 천하에 다니며 만민에게 복음을 전파하라 믿고 세례를 받는 사람은 구원을 얻을 것이요 믿지

않는 사람은 정죄를 받으리라"(막 16:15-16)에서 믿지 않는 사람은 외적 부르심을 받았으나 내적 부르심으로 이어지지 않은 것입니다. 벌코프, 『조직신학 (하)』, 708.

20. 후크마, 『개혁주의 구원론』, 124; 데머리스트, 『십자가와 구원』, 340.
21. 존 파이퍼, 『존 파이퍼의 거듭남』, 전의우 옮김 (두란노, 2009), 103.
22. 헤르만 바빙크, 『개혁교의학』, 4권 50장 [434]. 하이퍼 칼뱅주의자들은 복음선포의 보편성을 부정합니다. 그들은 하나님의 감추어진 뜻(secret will)과 드러난 뜻(revealed will)을 구분하지 않고, 하나님의 감추어진 뜻(예정교리)을 너무 부각시켜 교회에 주어진 복음전파의 사명과 죄인들이 믿고 회개해야 할 책임을 약화시킵니다. 강웅산, 『구원론』, 158.
23. 헤르만 바빙크, 『개혁교의학』, 4권 50장 [434]; 벌코프, 『조직신학 (하)』, 710; 후크마, 『개혁주의 구원론』, 101, 131; 데머리스트, 『십자가와 구원』, 349-350; 강웅산, 『구원론』, 155.
24. 데머리스트, 『십자가와 구원』, 347.

● 5장

1. 손재익, 『성화, 이미와 아직의 은혜』 (좋은씨앗, 2019), 16.
2. 차녹, 『바로 알아야 할 거듭남의 본질』, 79-80, 104, 122.
3. "부르심(소명)과 거듭남(중생)의 논의에서 돌이킴(회심)으로 이동하는 것은 자연스러운 일이다." 벌코프, 『조직신학 (하)』, 729.
4. 후크마, 『개혁주의 구원론』, 153, 161; 김남준, 『돌이킴』, 29.
5. 노병기, 『거룩한 구원』, 138.
6. 차녹, 『바로 알아야 할 거듭남의 본질』, 43-45; 벌코프, 『조직신학 (하)』, 741.
7. "예수께서 그리스도이심을 믿는 자마다 하나님께로부터 난 자니 또한 낳으신 이를 사랑하는 자마다 그에게서 난 자를 사랑하느니라"(요일 5:1)에 의하면 믿음은 중생에 기초합니다. 한편, 노병기는 칭의와 중생 중 칭의가 먼저 일어난다고 봅니다. 노병기, 『거룩한 구원』, 297. 그러나 과연 이런 생각이 옳은지

의문입니다. 특히 노병기는 구원론을 서술하면서 개혁주의 신학자와 존 웨슬리, 찰스 피니 등을 별다른 지적 없이 함께 거론한다는 점도 특이합니다.

8. 후크마, 『개혁주의 구원론』, 27-28; 파이퍼, 『존 파이퍼의 거듭남』, 94-95.
9. 성경에 나타난 인물들의 회심 사건에 대한 자세한 설명은 다음을 보십시오. 제임스 뷰캐넌, 『성령의 사역, 회심과 부흥』, 신호섭 옮김 (지평서원, 2006), 265-438.
10. 후크마, 『개혁주의 구원론』, 170; 웨인 그루뎀, 『조직신학(중)』, 노진준 옮김(은성, 1997), 317.
11. 후크마, 『개혁주의 구원론』, 171; 리처드 V. 피스, 『신약이 말하는 회심: 바울과 열두 제자들의 회심』, 김태곤 옮김 (좋은씨앗, 2001), 18-19.
12. 후크마, 『개혁주의 구원론』, 168.
13. 헬름, 『회심: 하나님께로 돌아서다』, 24; 머리, 『오래된 복음주의』, 37.
14. 존 머레이, 『존 머레이의 구속』, 장호준 옮김 (복 있는 사람, 2011), 155, 157.
15. 머레이, 『존 머레이의 구속』, 159.
16. 이스데반, 『중생이란 무엇인가』(부흥과개혁사, 2012), 46.
17. 황영철, 『중생과 자기부인』, 67.

● 6장

1. 비키 & 존스, 『청교도 신학』, 547.
2. 차녹, 『바로 알아야 할 거듭남의 본질』, 103.
3. 성경 중에서는 특히 요한일서에 회심의 표지가 잘 나와 있습니다. 좀 더 자세한 내용을 알고 싶으신 분은 다음을 참고하십시오. 조나단 에드워즈의 『신앙감정론』, 『성령의 역사분별방법』, 『균형잡힌 부흥론』(이상 부흥과개혁사), 가디너 스피링(Gardiner Spring), 『나는 진짜 구원받았나?』(생명의말씀사, 2016), 켄트 필풋(Kent Philpott), 『진실로 회심했는가』(규장, 2009), 폴 워셔(Paul Washer), 『회심』(생명의말씀사, 2013), 16-40; 폴 워셔, 『확신』(생명의말씀사, 2014).
4. 벌코프, 『조직신학 (하)』, 733.

5. 조셉 얼라인, 『회개하지 않은 자에게 보내는 경고』, 박문재 옮김 (크리스천다이제스트, 2015), 51.
6. 마스터스, 『영혼의 의사』, 96.
7. 얼라인, 『회개하지 않은 자에게 보내는 경고』, 44; 마스터스, 『영혼의 의사』, 101; 데머리스트, 『십자가와 구원』, 448.
8. 박순용, 『거듭남과 십자가』, 232.
9. 차녹, 『바로 알아야 할 거듭남의 본질』, 87, 94-96; 노병기, 『거룩한 구원』, 62.
10. George Whitefield, "Intercession every Chritian's Duty, in *The Works of the Reverend George Whitefield* (1771-1772), 445.
11. 에드워즈, 『신앙감정론』, 158.
12. 차녹, 『바로 알아야 할 거듭남의 본질』, 47, 115-123, 125-127.
13. 김남준, 『돌이킴』, 45.
14. 에드워즈, 『신앙감정론』, 154, 157, 168.
15. 바빙크, 『개혁교의학』, 4권, 50장, [447].
16. 이스데반, 『이것이 중생이다』, 126.
17. 얼라인, 『회개하지 않은 자에게 보내는 경고』, 15.
18. 에드워즈, 『신앙감정론』, 205-208, 219.
19. 에드워즈, 『신앙감정론』, 246-247.
20. 마스터스, 『영혼의 의사』, 99.
21. 에드워즈, 『신앙감정론』, 271-291; 유태화, 『삼위일체론적 구원론』, 204; 황영철, 『중생과 자기부인』, 21; 폴 워셔, 『회심』, 조계광 옮김 (생명의말씀사, 2013), 127.

● 7장

1. 앤서니 후크마, 『개혁주의 인간론』, 이용중 옮김 (부흥과개혁사, 2012), 216; 벌코프, 『조직신학 (상)』, 455, 458; 데머리스트, 『십자가와 구원』, 305-306.
2. 아르미니우스주의에 대해서는 다음을 보시기 바랍니다. 벤자민 워필드, 『칼빈주의와 아르미니우스주의』, 피영민 옮김 (검과흙손, 2005); 제임스 패커, 『알미

니우스주의』, 이스데반 옮김 (CLC, 2019).
3. 제임스 화이트, 『성례전: 하나님의 자기 주심의 선물』, 김운용 옮김 (WPA, 2006), 87.
4. 한국천주교 주교회의, 『유아세례예식』(한국천주교 주교회의 전례위원회, 2012), 16, 22.
5. 이 부분에 대한 설명은 다음을 참조하여 정리했습니다. 바빙크, 『개혁교의학』, 4권 50장 [437]; 데머리스트, 『십자가와 구원』, 443; 파이퍼, 『존 파이퍼의 거듭남』, 46-51; 퍼거슨, 『성령』, 133-134; 유태화, 『삼위일체론적 구원론』, 196-197; 이스데반, 『이것이 중생이다』, 62-79; 강웅산, 『구원론』, 195; 황원하, 『요한복음』(SFC, 2017), 99; 조석민, 『요한복음의 새관점』(솔로몬, 2008), 163. 제임스 보이스와 노병기 등은 물을 말씀이라고 봅니다. James M. Boice, The Gospel of John (Zondervan, 1985), 175; 노병기, 『거룩한 구원』, 46-47.
6. "중생의 씻음(λουτροῦ παλιγγενεσίας)과 성령의 새롭게 하심(ἀνακαινώσεως πνεύματος ἁγίου)은 주동사인 구원하시되(ἔσωσεν)에 전치사 디아(διὰ)를 통해 나란히 연결됩니다." 유태화, 『삼위일체론적 구원론』, 189.
7. 세례 중생론의 오류에 대한 더 자세한 내용으로는 다음을 보십시오. 뷰캐넌, 『성령의 사역, 회심과 부흥』, 251-262; 원슬로우, 『성령님의 구원사역』, 54-56; 후크마, 『개혁주의 구원론』, 155-156.
8. 후크마, 『개혁주의 구원론』, 170.
9. 구원파라는 별명은 정통 교회가 붙인 것으로 그들이 구원에 대한 질문을 핵심으로 정통 교인들을 유혹하고 혼란에 빠뜨리기 때문입니다. 구원파는 1985년 기독교성결교회 총회에서, 1991년 대한예수교장로회 고신총회에서, 1992년 대한예수교장로회 통합, 합동, 합신 총회에서 각각 이단으로 규정되었습니다. 정동섭, 이영애, 『박옥수, 이요한, 유병언의 구원파를 왜 이단이라 하는가?』(죠이선교회, 2010), 119, 132-133.
10. 이요한, 『구원의 삼 단계』, 8-10; 조남민, 『구원에 미치지 못하는 구원파의 구원 무엇이 문제인가?』(한인성경선교회, 2019), 40-41; 정동섭, 『구원 개념 바로

잡기』, 27, 94.
11. 마틴 로이드 존스, 『청교도 신앙 그 기원과 계승자들』, 서문 강 옮김 (생명의 말씀사, 2002), 242-271.
12. 권신찬, 『종교에서 해방』(일류사, 1977), 75.
13. 정동섭, 이영애, 『박옥수, 이요한, 유병언의 구원파를 왜 이단이라 하는가?』, 160.
14. 차녹, 『당신의 거듭남, 확실합니까?』, 204-205.
15. 그루뎀, 『조직신학 (중)』, 317; 후크마, 『개혁주의 구원론』, 170; 김남준, 『돌이킴』, 76.
16. 김남준, 『돌이킴』, 75.
17. 정동섭, 이영애, 『박옥수, 이요한, 유병언의 구원파를 왜 이단이라 하는가?』, 140.
18. 손재익, 『성화, 이미와 아직의 은혜』, 102-115.
19. 『기독교강요』, 3권 3장 10-11절; 토마스 R. 슈라이너, 『강해로 푸는 갈라디아서』(ZECNT), 김석근 옮김(디모데, 2017), 356; 손재익, 『성화, 이미와 아직의 은혜』, 32.
20. 탁명환, 『기독교이단연구』, 219; 정동섭, 이영애, 『박옥수, 이요한, 유병언의 구원파를 왜 이단이라 하는가?』, 132, 146.
21. 탁명환, 『기독교이단연구』, 221; 정동섭, 이영애, 『박옥수, 이요한, 유병언의 구원파를 왜 이단이라 하는가?』, 127; 정동섭, 『구원 개념 바로잡기』, 107.
22. 후크마, 『개혁주의 구원론』, 169.
23. 피스, 『신약이 말하는 회심』, 17.
24. 이안 머리, 『부흥과 부흥주의』, 신호섭 옮김 (부흥과개혁사, 2005), 421; 마스터스, 『영혼의 의사』, 262, 267. 찰스 피니에 대해서는 다음을 참조하십시오. 머리, 『부흥과 부흥주의』, 351ff.
25. 강단초청의 문제점에 대해서는 다음을 기초로 정리했습니다. 존 맥아더, 『값비싼 기독교』, 이용중 옮김 (부흥과개혁사, 2009), 126-128; 존 맥아더, 『구원

이란 무엇인가』, 송용자 옮김 (부흥과개혁사, 2008), 301-306; R. C. 스프롤, 『구원의 확신』(생명의말씀사, 2012), 30, 101-102; 마틴 로이드 존스, 『설교와 설교자』, 정근두 옮김 (복 있는 사람, 2005), 429-434; 필폿, 『진실로 회심했는가』, 8-9, 34-37; 머리, 『오래된 복음주의』, 85-86; 마스터스, 『영혼의 의사』, 108, 261-273; 워셔, 『회심』, 8-9. 영접기도의 문제점에 대해서는 다음을 보십시오. 워셔, 『회심』, 60; 필폿, 『진실로 회심했는가』, 41-51; 이스데반, 『중생이란 무엇인가』, 26-31, 93-100; 존 오트버그, 『내가 구원 받았는지 어떻게 알 수 있는가』(두란노, 2019), 23.
26. James I. Packer, *A Quest for Godliness: Puritan Vision of the Christian Life* (Crossway, 1990), 117-118.
27. 황영철, 『중생과 자기부인』, 11.

● 나가는 글
1. Peter Van Mastricht, A Treatise on Regeneration, ed. Brandon Withrow (Morgan: Soli Deo Gloria, 2002), 73.
2. 라일, 『거룩』, 67-68.1.